看得见的广东电力史

百年灯火

广东电网有限责任公司◎编
覃桂平◎主编

南方日报出版社
NANFANG DAILY PRESS
中国·广州

图书在版编目（CIP）数据

百年灯火 ： 看得见的广东电力史 / 广东电网有限责任公司编. -- 广州 ： 南方日报出版社, 2019.10

ISBN 978-7-5491-2118-2

Ⅰ. ①百… Ⅱ. ①广… Ⅲ. ①电力工业－工业史－广东 Ⅳ. ①F426.61

中国版本图书馆 CIP 数据核字(2019)第 278329 号

BAINIAN DENGHUO

百年灯火：看得见的广东电力史

编　　者：广东电网有限责任公司

出版发行：南方日报出版社

地　　址：广州市广州大道中 289 号

出 版 人：周山丹

责任编辑：吴俊贤　黄敏虹

装帧设计：肖晓文

责任技编：王　兰

责任校对：阮昌汉

经　　销：全国新华书店

印　　刷：广州市岭美文化科技有限公司

开　　本：787mm×1092mm　1/16

印　　张：23.25

字　　数：80 千字

版　　次：2019 年 10 月第 1 版

印　　次：2019 年 10 月第 1 次印刷

定　　价：68.00 元

投稿热线：（020）87360640　　读者热线：（020）87363865

序

一幅广东电力的百年长卷

历史是什么？法国作家雨果说：历史是过去传到将来的回声，是将来对过去的反映。中国作家廖沫沙说：历史是一面镜子，也是一本深刻的教科书。

几年前，广东电网公司编辑出版的《广东老电力人口述史（第一辑）》引人瞩目，受到电力员工的普遍欢迎，在电力界赢得良好的口碑，为电力行业提供了新鲜史料和新的研究视角。如今，该公司又为读者奉上这本《百年灯火：看得见的广东电力史》，图文并茂地展示了广东电力工业130年的发展历程。此书编者约我写个序言，我大致浏览了文稿之后，感到它很具特色，同时也觉得在现今重商轻文、喧嚣纷扰的社会里，还有如此用心记述历史文化的企业和个人，很是难得。

“以史为鉴，可以知兴替”。从晚清至今的一个多世纪，是中国历史最为曲折艰巨、最为波澜壮阔、最为凤凰涅槃的时代。广东是中国民族工业化的先行区、民主革命的策源地、改革开放的前沿地带，历经岁月沧桑、风云变幻，历史文化积淀无比丰厚。挖掘这些文化宝藏，揭开其神秘面纱，是所有历史研究者的不懈追求。具体到广东电力，从它诞生之日起，究竟经历了多少坎坷？发生过哪些传奇故事？出现了哪些卓越人物？有些什么经验和教训？未来发展方向在哪？这些都需要我们一一去追问，一一去解答。

图像资料，是看得见的历史，是有温度、有厚度的时代记录与呈现，能够给人身临其境的现场感、真实感、亲切感，比文字更具有直观的冲击力。众所周知，电力是近代以来最有影响力的工业发明之一，其触角从宏大的政治、社会、经济全貌一直伸展到黎民百姓生活的方方面面。在广东电力百余载发展历程中，沉淀着无数个电力场景、片段、人物与故事，它们被烙印在泛黄的老照片里，被记录在电力票据上，被镌刻在尘封的史册中。但这些具有相当史学价值的图像资料，经过岁月的冲洗，流传至今的少之又少。而留下来的，或深藏在社会某个档案馆中，或散落在民间某个角落里，无人问津，任凭其斑驳尘封，淹没在时间的长河中。

搜集整理这些图像资料并非易事，而寻找、打捞电力这一行业的老照片，尤为艰难。凡是亲历者都知道，这是一件“吃力”不一定能“讨好”、“付出”不一定能“得到”的苦差事。这既需要有企业给予充足的资源投入，更需要有编撰者锲而不舍的敬业精神。广东电网公司利用南粤有电130年之契机，组织力量，四处搜罗、整理电力老照片，拂去尘埃，让其走出阴暗的屋宇卷宗，重见天日，展现于读者眼前，意义非凡，令人敬佩。

据编者介绍，本书是以“回望电力之路，寻找企业之魂”为主旨，立时间为经、事件为纬，图文结合，透过三个视角，对广东电力自诞生以来的人、事、物进行快速而精准的扫描，全景式地展示其丰碑伟业——

一是行业历史视角：广东电力史是一幅气势磅礴的百年长卷，人物的生死荣辱、企业的兴衰成败，都是属于这幅图景的浓墨重彩。本书收录了许多历史图像资料，特别是现存极少的清末、民国和中华人民共和国成立初期的照片，为后人搜集整理并留下宝贵的研究史料。

二是经济社会视角：作为国民经济基础产业的电力工业，在经济社会发展进程中起着不可替代的作用。本书立足于史实，以电力工业与经济建设、社会进步、民众生活、自然环境的关系为切入点，字里行间始终贯穿着对社会可持续发展的现实思考。

三是精神文化视角：一百多年来，广东电力人所展现出来的意志与品格，是广东人敏思笃行、敢为人先精神的反映。本书沿着时间的脉络，把握代表人物和事件及其与历史发展的关系，将电力先行者凤凰涅槃般的勇气、革故鼎新的智慧和奋发进取的精神风骨镌刻其中。

可以说，本书集精练清晰与生动直观于一体，在尊崇原本史实的基础上，灵活地运用这些历史碎片，辅之以简洁的文字描述，以朴素而温情的独特方式定格历史，为我们讲述广东电力发展的艰难与曲折、跌宕与辉煌，以及一代代电力人拼搏的智慧与汗水、光荣与梦想。

广东电力历经坎坷、走向辉煌的发展进程，就是南粤这块沃土沧桑巨变的历史缩影。凡是为此做出贡献的企业和奋斗者，他们的功绩都应该被镌刻下来，让我们思古念今。此书的出版，填补了广东工业史相关史料的空白和不足，值得嘉许。但我认为，广东电力史仍是一个有待于系统开发挖掘的宝库，期待广东电网公司再接再厉，以更生动的笔触去解读其历史场景，从更绵长的维度去追溯其发展脉络，以更开阔的视野去探寻其创新基因，为读者奉献更多的好书美图，为后人留下更多的文化食粮和精神财富。

（作者丘克军系广东省人民政府参事，广东省文联党组原副书记、巡视员）

CONTENTS

目录

1890年的广州珠江

第一篇 蹒跚起步

（1888—1949）

长夜难明赤县天。1888年，晚清重臣、两广总督张之洞在广州点亮南粤第一盏电灯。1890年，旅美华侨黄秉常建成中国第一家民办电厂——广州电灯公司，从此拉开了广东电力的发展序幕。电力的应用推动了广东民族工业的崛起和商业的繁荣。但时势多变，道路坎坷，一度走在全国前列的广东电力，遭到了军阀统治的压迫、侵华日寇的蹂躏以及国民党挑起的全面内战的摧残，到1949年，全省仅有发电装机容量5.8万千瓦，年发电量1.4亿千瓦时，年供电量1.3亿千瓦时。这就是旧时代广东电力惨淡经营60余年所留下的全部“家当”。

第一章 微光初现

19世纪后期，中国半殖民地半封建化程度不断加深。在反对闭关自守、要求变革的呼声日益高涨的历史背景下，一场主张“中学为体、西学为用”的洋务运动在华夏大地轰轰烈烈地展开，以期救亡图存。随着西风东渐，现代文明象征之一的电力传入国门，开始了它艰辛坎坷的光明之旅。

广东电能应用，发轫于清末的广州，略晚于上海，与北京、天津同步。广东是中国用电最早的省份之一。

清末广东人使用的煤油灯、马灯和煤气灯

华灯初点

张之洞点亮南粤第一盏电灯

1888年7月23日，清末洋务运动的积极倡导者、时任两广总督的张之洞，从国外购入一台发电机和100盏电灯，将其安装在两广总督府内（现广东省民政厅所在地），衙门内外一片通亮，引来市民聚观，时人无不称奇。

清末两广总督张之洞

清末的两广总督府（位于今广州市越华路118号），1911年焚毁

陈芳购买发电机回乡发电照明

1890年，时任中国驻夏威夷领事馆领事陈芳回到故乡香山县梅溪村定居时，据说从夏威夷购买了一台小型发电机组，带回国发电供乡村照明。

清朝驻夏威夷领事陈芳

陈芳与他的家人

陈芳故居（位于今广东省珠海市梅溪村）

电业肇始

黄秉常创办广州电灯公司

1889年，旅美华侨商人黄秉常、李荣帮等人，集资40万美元，回国在广州十三行附近的源昌街创办广州电灯公司，安装两台美制的100马力（1马力=735.499瓦）柴油机和两台美制的1000伏交流发电机，次年9月开始发电，供商业照明。后因机器陈旧和缺乏资金而经营困难，广州电灯公司于1899年倒闭。

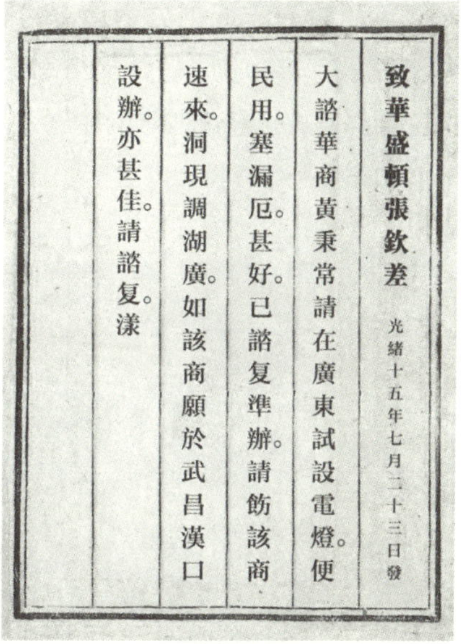

致華盛頓張欽差 光緒十五年七月二十三日發

大諮華商黃秉常請在廣東試設電燈。便民用。塞漏卮。甚好。已諮复準辦。請飭該商速來。洞現調湖廣。如該商願於武昌漢口設辦。亦甚佳。請諮复。漾

1889年张之洞致驻美公使张荫桓电文（仿制）

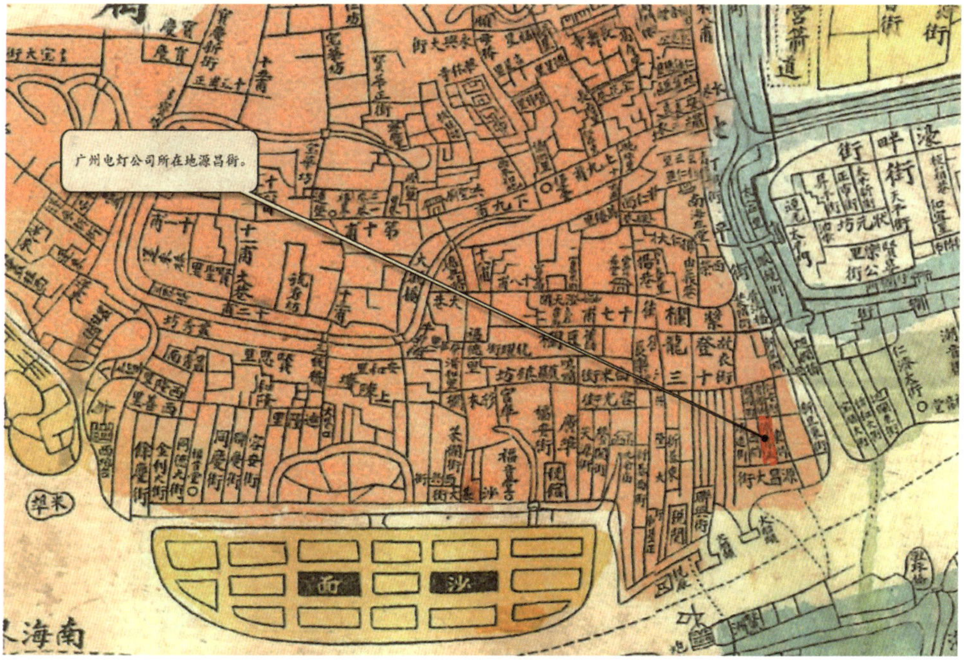

1890年广州电灯公司的位置示意图

英商旗昌洋行创办粤垣电灯公司

1901年，英商旗昌洋行在广州五仙门（今广州市沿江路）创办粤垣电灯公司，取得30年经营权。经过四年的建设，四台容量共546千瓦的由英国制造的蒸汽发电机组于1905年12月建成投产。

1904年广州五仙门发电所厂房施工现场

1904年正在建设中的广州五仙门发电所

广州五仙门发电所由治平洋行设计。图为1904年建筑设计师帕内（前排左一）和伯捷（前排右一）在施工现场

方仰欧等人创办昌华电灯公司

1905年，普宁人方仰欧、方廷珍筹资14万毫银，从德国购入两台直流蒸汽发电机组，容量共140千瓦，在汕头创办昌华电灯公司。后因一台发电机被雷击坏，经营亏损，昌华电灯公司于1908年停业。

汕头昌华电灯公司旧址

高绳芝开办开明电灯公司

1908年9月，潮汕实业家高绳芝招股20万毫银，买下昌华电灯公司资产，择地创办开明电灯股份有限公司，安装直流蒸汽发电机三台，蒸汽锅炉五座，于1909年11月建成投产，发电能力为340千瓦。

汕头开明电灯公司厂房外景

汕头开明电灯公司发电设备旧迹

广州官商集资将粤垣电灯公司收回自办

1909年7月，在两广总督张人骏的支持下，广州官商集资144万毫银，向英商旗昌洋行赎买粤垣电灯公司的经营权及资产自办，改称大清广东电力股份有限公司。

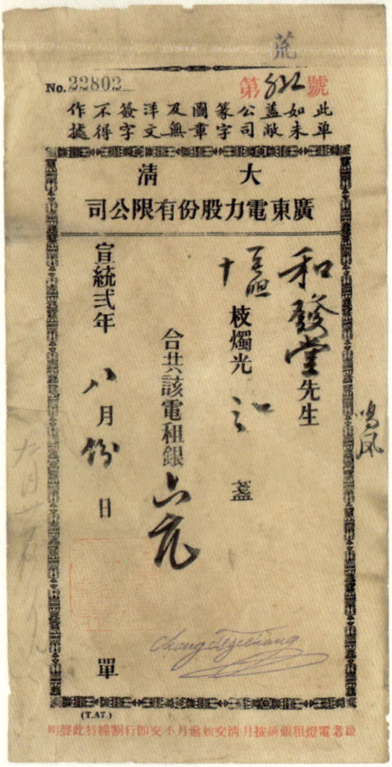
No. 32802 第 號

此單如未蓋敝公司篆字圖章及無洋文簽字不得作據

大清 廣東電力股份有限公司

和發堂先生

十盞 枝燭光

合共該電租銀

宣統弍年 八月份 日 單

1910年大清广东电力股份有限公司电费收据

1906年的广州五仙门发电所

电力应用逐渐从照明转向工商业

广州、汕头两地电灯公司开业之初，发电仅供家庭、街道、市政照明之用，而后逐渐应用于工商业，逐步改变了人们的生活方式，推动了城市经济的繁荣发展。

1910年广州东山口的电线杆和街灯

1910年汕头街边的电线杆

风行电照

清末广东电力起步早、发展慢

尽管广东创办电业较早，但由于清朝政府的腐败，帝国主义列强入侵，内战不断，电力工业始终得不到应有的发展。至1911年，全省只有广州、汕头两地建有电灯公司，据不完全统计，发电装机容量共1300千瓦，年发电量约200万千瓦时。

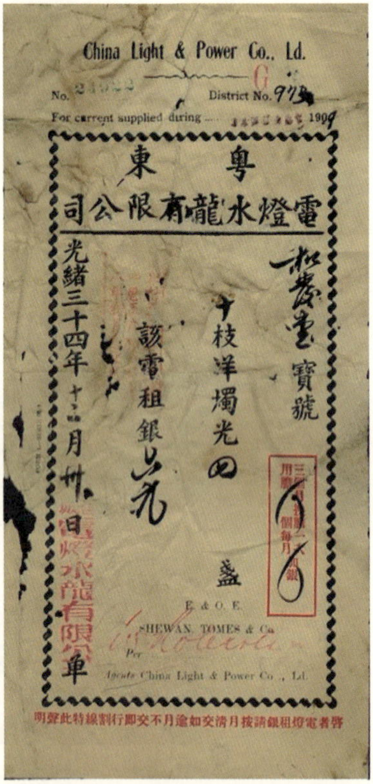

1909年粤东电灯水龙有限公司电费收据

广州五仙门发电所汽轮发电机（1920年摄）

郑观应谈电力之道

1894年，中国近代思想家、实业家、教育家，祖籍广东香山（今中山）的郑观应刊印《盛世危言》，影响深远。在书中，郑观应谈及对电的认识和利用，认为使用电能对发展工商业大有好处，并开拓性地对将电力运用到农业领域作了大胆的设想。

晚清时期的郑观应

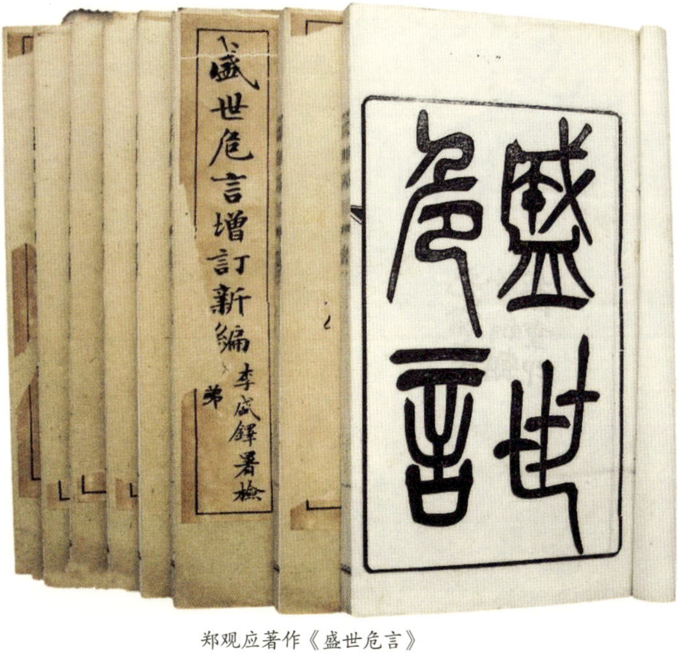

郑观应著作《盛世危言》

孙中山宏论电力之用

1894年4月，孙中山撰写《上李鸿章书》，宏论富强之经、治国之本。文中，孙中山已预感到电力革命将给工业社会带来深刻的影响，认为电力作为人类生产生活应用能量的形式，要远优于蒸汽动力。他更认为，中国要赶超世界富强国家，就必须发展电力事业。

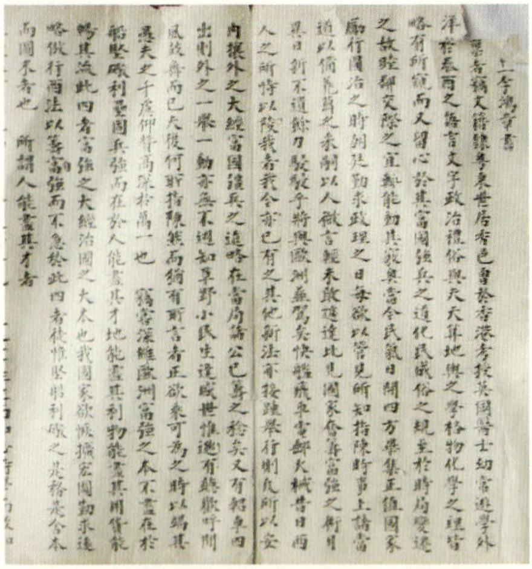

上李鴻章書
敬禀者竊文籍隸粵東世居香邑曾於香港考授英國醫士幼嘗遊學外
洋於泰西之語言文字政治禮俗與夫天算地輿之學格物化學之理皆
略有所窺而尤留心於其富國強兵之道化民成俗之規至於時局變遷
之故睦鄰交際之宜輒能洞其閫奧當今風氣日開四方畢集正值國家
勵精圖治之時朝廷勤求政理之日每欲以管見所知指陳時事上諸當
道以備芻蕘之采嗣以人微言輕未敢遽達比見國家奮籌富強之術月
異日新不遺餘力駸駸乎將與歐洲並駕矣快艦飛車電郵火械昔日西
人之所恃以凌我者我今亦已有之其他新法亦接踵舉行則凡所以安
內攘外之大經富國強兵之遠略在當局諸公已籌之稔矣又有軺車四
出則外之一舉一動亦無不周知草野小民生逢盛世惟有鼓腹謳歌
風鼓舞而已夫復何所指陳然而猶有所言者正欲乘可為之時以竭其
愚夫之千慮仰贊高深於萬一也　竊嘗深維歐洲富強之本不盡在於
船堅炮利壘固兵強而在於人能盡其才地能盡其利物能盡其用貨能
暢其流此四者富強之大經治國之大本也我國家欲恢擴宏圖勤求遠
略仿行西法以籌自強而不急於此四者徒惟堅船利炮之是務是舍本
而圖末也　所謂人能盡其才者

孙中山的《上李鸿章书》

1891年在香港西医书院读书时的孙中山（左二）

百年灯火

先驱足印

方仰欧

广东普宁人。20岁时考中秀才，先在私塾任教，后游学他方，被福建金大将军（旗人）聘为幕僚。1875年，甘肃凉州大旱，方仰欧受命暂代知府之职，凉州大治，被朝廷钦封为四品朝议大夫，署凉州府正堂，年老辞官后返乡。1905年，与族亲方廷珍集资在汕头创办昌华电灯公司。

方仰欧（1842—1926）

方仰欧故居（位于今广东省普宁市洪阳镇）

高绳芝

原名高秉贞，澄海澄城镇城南人，潮汕著名的华侨实业家和社会活动家。他一生致力于发展民族工业，在汕头创办了水、电、通信等事业。辛亥革命时期，各路军阀聚集汕头准备开战，高绳芝出私资数十万毫银进行调解劝退，挽汕头民众于危难之中。1913年因操劳过度，不幸病逝，年仅35岁。

高绳芝（1878—1913）

1930年汕头市政府建“绳芝亭”，以纪念高绳芝的功绩

张人骏

直隶（今河北）丰润人，清末政治家，历任广西按察使，广东、山东布政使，山东、河南、广东、山西巡抚，两广总督，两江总督兼南洋通商大臣等要职。1909年主政广东期间，筹资144万毫银将粤垣电灯公司收回自办，改为官商合办的大清广东电力股份有限公司。

张人骏（1846—1927）

张人骏（前排左七）出席广九铁路广州大沙头火车站奠基仪式

第二章 灯火璀璨

1912年，民国初立，有识之士纷纷提出“工业救国”“教育救国”等口号，反对闭关自守，强烈要求改变中国社会经济落后的面貌。为此，南京临时政府设立实业部，颁布了一系列保护和奖励民族工业发展的政策和措施。广东军政府也设立实业司，推进了南粤的近代化进程。

受孙中山的感召，许多粤籍海外华侨纷纷回国经商或创办实业，电业是首选行业之一。是时，广东境内的电灯公司多为海外华侨创办。

1919年的广州

星光散布

珠江三角洲地区电力投资蓬勃兴起

民国初建，珠江三角洲地区兴起投资电力的热潮，香山、佛山、江门、顺德、肇庆、东莞、南海、惠东、开平、番禺、台山、从化等地相继创办了电灯公司，有力地促进了广东中小城市工商业的发展。

1912年严迪光在香山创办迪光电力灯所

1913年涂冠庭等人在肇庆创办日华电灯公司，后改为肇明电力厂。图为该公司旧址

电力向粤东西北地区扩展

1915—1928年，全省各地华侨、商人先后在潮州、清远、梅县、罗定、韶关、潮阳、揭阳、潮安、阳江、湛江、蕉岭等地创办电灯公司，发电主要供周边居民、商铺、官府照明。

1917年黄兰君在梅县创办的光耀电灯公司（1935年摄）

1923年林君博在揭阳县榕城创办的普益电灯公司旧址（1980年摄）

1924年司徒俊波、李典徽创办的阳江县福阳电灯公司发电房

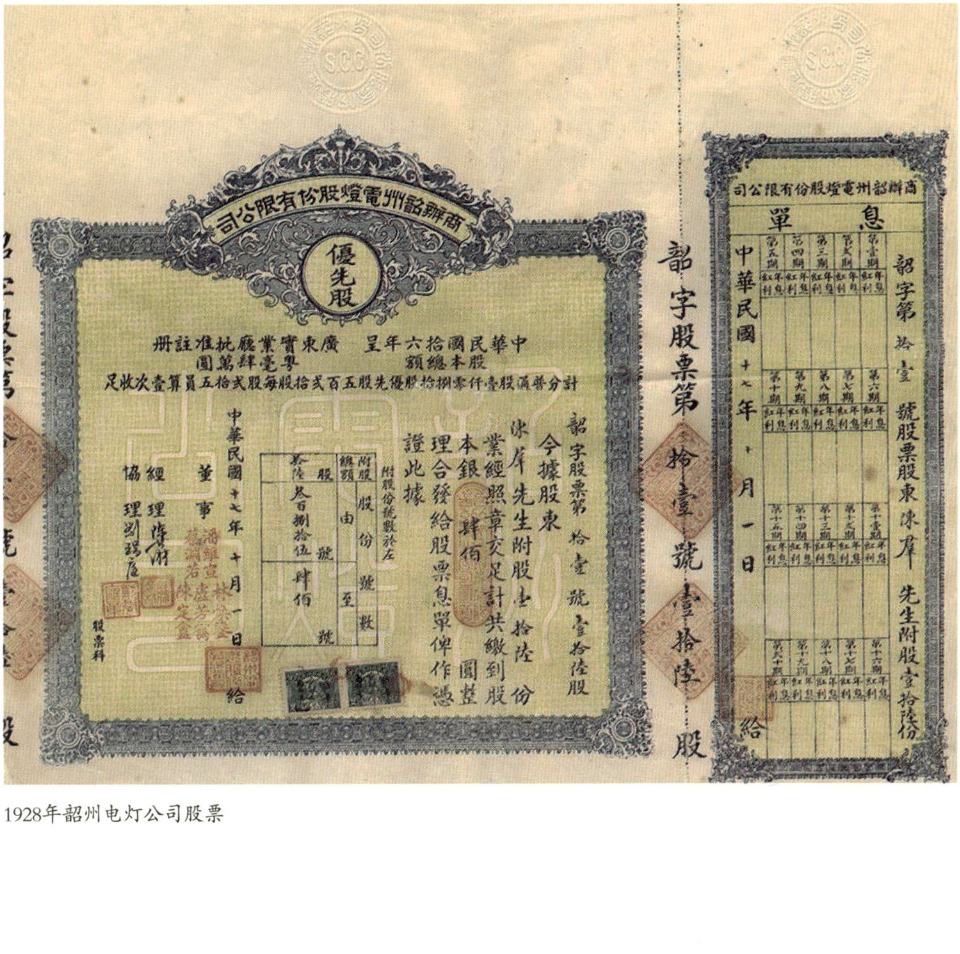

1928年韶州电灯公司股票

协同和机器厂成功仿制中国第一台柴油机

1915年，广州协同和机器厂成功仿制四缸44.3千瓦两冲程热球式柴油机，此为中国第一台柴油机。1918年又生产出117.7千瓦、用压缩空气启动、可逆转的两冲程柴油机。该厂后来发展成为华南地区最大的机器厂。

1922年广州协同和机器厂新建的厂房

1915年协同和机器厂仿制的中国第一台柴油机

广州首次对城区电线杆进行改造整治

广东各地自办电起，城市低压配电线路电压，照明为110伏，动力为220伏，电压低，线路损耗大。1918—1925年，广州首次进行大规模市政建设改造，对相应的街道、公园、市场的电线电杆进行了整治。

1923年广州长堤大马路上的街线

1926年广州冼涌西筑路街线整治情景

输出电压与供电设施

民国初期，广东各地电灯公司输出电压一般为2.3千伏，然后降压至220伏、110伏供用户使用。配电线路大部分使用有绝缘皮的铜绞线；电线杆普遍使用木杆，将杉木入地的一段表面烧焦，以防腐、防白蚁。

1915年广州“乙卯水灾”情景，图中可见沿江西路街边的电线杆与街灯

1916年粤汉铁路广韶段上的电线杆

1922年汕头街巷里的电线杆

1925年佛山新建大马路上的电线杆

广州电力公司由官商合办转为民营并进行扩建

1919年，广州市政府将持有的广州电力公司的官股全部变卖，广州电力公司由官商合办转为民营，改称为广州市商办电力股份有限公司，并在旧厂房旁建设新厂，安装2台2500千瓦汽轮发电机组，1921年投产。之后又扩建一台5000千瓦和一台6000千瓦汽轮发电机组，分别于1924年、1927年投产。

广州电力公司董事邹殿邦（1920年摄）

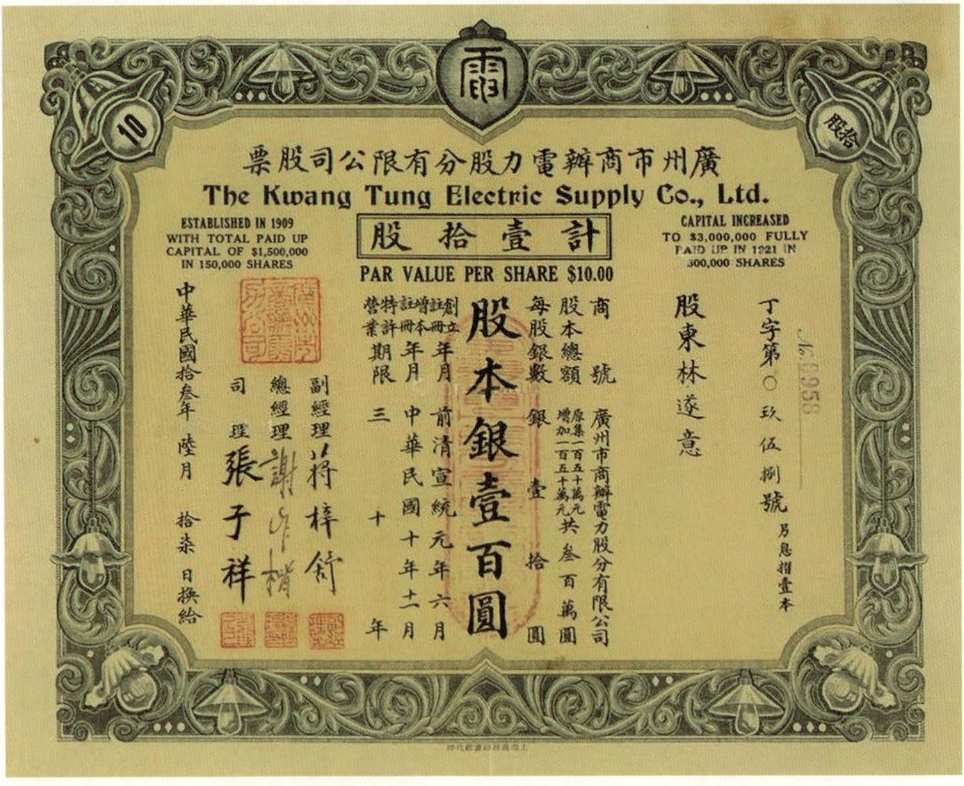

1924年的广州市商办电力股份有限公司股票

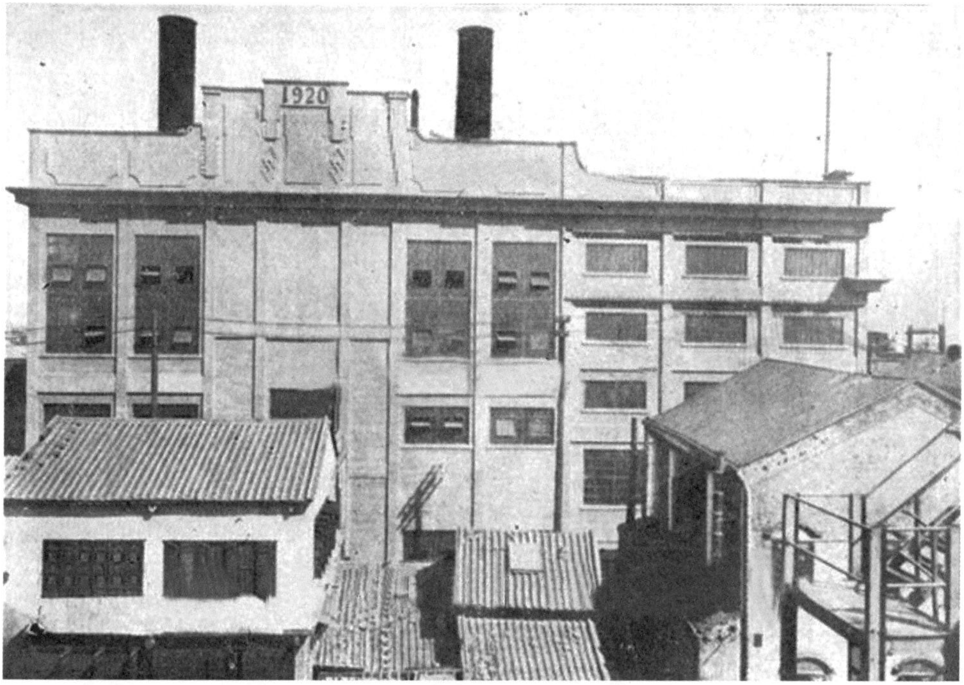
1920年广州市商办电力股份有限公司在五仙门发电所旧厂房旁建设的新厂

1920—1927年广州五仙门发电所扩建的汽轮发电机组

西风东渐

先进电力设备技术与企业经营模式的引进

在广东电力企业创办之初，设备技术均从美欧先进发达国家引进，并采用西方近代企业经营方式——公司制，采用合资或集股方式，以降低投资风险。

1915年三水县耀南电灯公司瓦斯发动机（左）和交流发电机（右）

1927年鹤山县古都镇电力股份有限公司发电机组

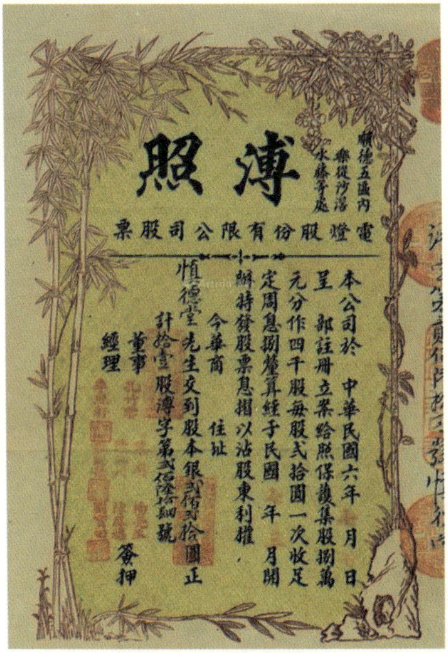

1918年顺德县溥照电灯公司股票

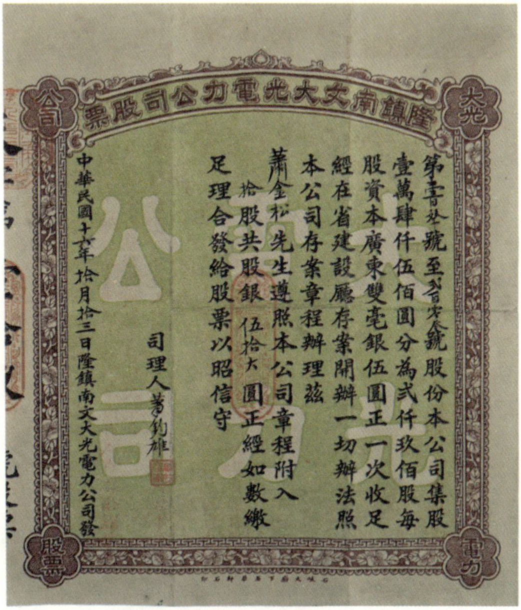

1927年中山县隆镇南文大光电力公司股票

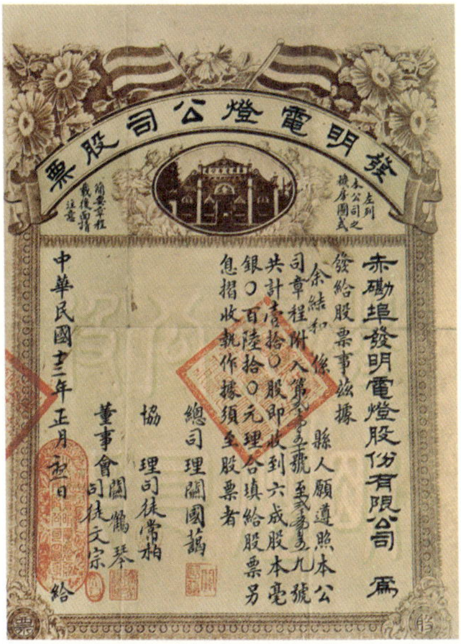

1924年开平县赤坎埠发明电灯公司股票

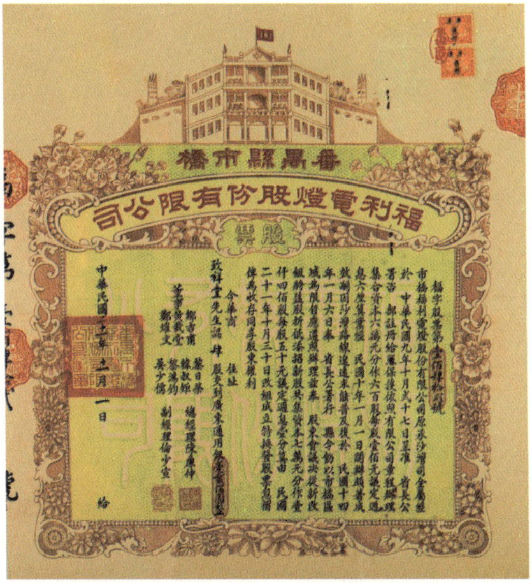

1932年番禺县市桥福利电灯公司股票

史海钩沉

民国初期电力被广泛地接受和使用

民国初期，尽管广东社会经济十分落后，生产力水平低下，广大民众生活贫困，但社会相对比较稳定，为电力发展创造了有利条件。同时，电力作为现代文明的象征之一，使用方便、清洁，是提高劳动生产率的重要手段，被广泛地接受和使用，市场不断扩大，需求迅速增长。

1920年广州西堤马路上的电线杆

1924年汕头安平路上的街线街灯

1929年江门莲平路上的街灯

1927年韶关风采楼旁边街道上的电线杆

1929年东莞石龙街道上的电线杆

偷电猖獗成为阻碍电力发展的致命伤

20世纪20年代，由于社会动荡、军匪横行，广东各地窃电现象极为严重。以广州电力公司为例，1923年的线损率为41%，1924年为49%，1925年为56%，1926年为63%，1927年为66%，1928年为65%。窃电已成为阻碍广东电力发展的致命伤。

1926年广州海珠戏院夜景

1921年广州东堤上的街线

电力工会组织及工人运动

1919年7月15日，广州电力公司工人与铁路、机器厂、水厂等行业工人发起罢工，反对桂系军阀统治，是日广州全城停电，至17日罢工遭镇压而失败。

1920年，五仙门发电所成立工人俱乐部，作为广东机器总会的基层团体会员。

1921年4月，广州装设电灯线工人研究会成立。

1921年6月14—17日，广州五仙门发电所与铁路等行业工人一万余人要求加薪，缩短工时。后经当局调停，资方答应加薪20%—50%。

1922年7月11日，广州电力工人与兵工厂、自来水、铁路、电话等行业工人举行罢工，反对陈炯明统治，要求加薪。后罢工失败，罢工领导人被枪毙。

1926年6月中旬，佛山光华电灯公司工人50余人向资方提出加薪、改善待遇和红利均分等要求，扬言如遭拒绝，准备罢工，并吁请社会各界援助，至7月中旬问题才获解决。

1925年6月19日广州和香港爆发规模宏大的省港大罢工，历时一年零四个月

归侨沉浮

严迪光（1875—1923）

严迪光

广东香山（今中山）南朗濠涌村人，18岁时被卖到旧金山（今译圣弗朗西斯科）做劳工，后创业经商，逐渐富厚。20世纪初携资回国，1908年，创设香山机制砖瓦厂。1912年，创办石岐迪光电力灯所。1923年，在五桂山北侧兴建马踢水水电站时，被匪徒绑架杀害，年仅48岁。

中山马踢水水电站遗址

迪光电力灯所旧址（位于今中山供电局客服中心办公楼旁）

赵冠山

广东新会古井慈溪乡南芬里人。15岁随叔父赴美国旧金山做劳工、经商，与加利福尼亚大学电工系毕业生露斯相识并结为夫妻。清末偕妻回国，先在广州投资入股五仙门发电所，后退股回江门，于1913年创办新光电灯公司。1912年江门镇自治会成立时，被选为议长。1920年病逝。

赵冠山（1839—1920）

赵冠山故居（位于今新会古井慈溪乡南芬里）

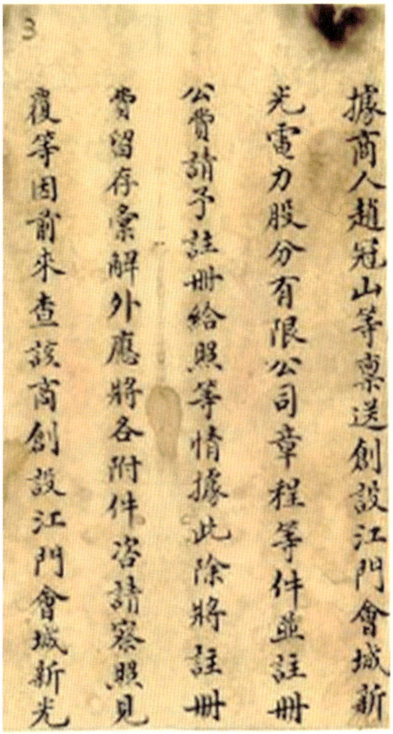

據商人趙冠山等稟送創設江門會城新光電力股分有限公司章程等件並註冊公費請予註冊給照等情據此除將註冊費留存案解外應將各附件咨請察照見復等因前來查該商創設江門會城新光

江门会城新光电力公司注册资料

第三章

兴业机遇

1929年，陈济棠掌握广东党军政大权后，各派军阀斗争暂告一段落，形成全省统一的局面。为巩固在广东的统治地位，陈济棠利用当时国内外的有利形势，提出要加快广东的经济建设，把工业建设作为施政重点。随后又制定《广东省三年施政计划》，以提升全省各地经济实力，与南京国民政府抗衡。其间，广东电力工业得到较快的发展。

1935年的广东省政府

电力发展

陈济棠的三年电力发展计划

1932年，陈济棠推出《广东省三年施政计划》。其中关于电力工业提出的计划是：第一年，筹办大规模之发电厂，如水电足以利用则筹办水力发电厂，否则于产煤地方筹设发电厂；第二年，继续筹办大规模之发电厂；第三年，完成大规模之发电厂，逐渐使全省之机器原动力电气化。

治粤时期的陈济棠，人称“南天王”

1935年的广州珠江夜景

新建广州河南发电所

1932年2月25日，广州河南发电所建成投产，安装两台1000千瓦柴油发电机组，极大地保证了广州珠江南片区域工商业的用电。

1931年正在建设中的广州河南发电所

1932年2月25日广州河南发电所建成投产

扩建广州五仙门发电所

1933年2月25日，广州五仙门发电所第二台6000千瓦汽轮发电机组建成投产，安装费计15.33万元。

1932年广州五仙门发电所外景

1935年的广州五仙门发电所远眺图

新建广州西村发电所

1937年12月1日，当时中国南方地区单机容量最大的发电机组——广州西村发电所两台德国制造的1.5万千瓦中温中压汽轮发电机组安装及初步试机完毕，投入生产，发电供西关一带用户使用。

1937年广州西村发电所1.5万千瓦发电机组

1936年正在建设中的广州西村发电所

1937年广州西村发电所配电室

兴建广东第一宗13.2千伏输变电工程

1932年，广州市开始建设五仙门—西关输变电工程。1933年2月建成广州西关变电所，投资107.2万元，安装两台2500千伏安变压器，电压13.2千伏 / 2.3千伏，设馈电线五条。同时投资3.49万元，在五仙门建设配电所一座。五仙门—西关输变电工程于1935年1月投运。

1935年投运的广州西关变电所变压器（左）和开关（右）

1935年投运的广州西关变电所高压室设备

全面改造广州市街道线路

从1932年开始，广州电力公司投资133.56万元，对全市街线及电杆进行改换，每年更换三分之一，1935年完成。1934年开始增设河北至河南水底电缆，次年1月建成投运。

1934年广州电力工人在敷设珠江水底电缆

兴宁、鹤山两地华侨筹资兴建水电站

1932年春，兴宁县华侨陈莹阶开办兴宁华侨水电股份有限公司，购进一台115千瓦德国水轮发电机组，在新圩区径下乡响水径兴建水电站。同年，鹤山县华侨马一樵在鹤城区址山河上游兴建水电站，安装金属下击式水轮机，拖带30马力发电机。

1933年兴宁县城上的街线

筹建滃江水电站

1933年，广东省政府拨出4250万银元，委派省建设厅技正文树声在英德县主持兴建滃江水电站，计划装机容量7500—10,000千瓦。为此省政府于1933年先在罗浮山兴建一座小型水电站——明远水电站进行试验。后因全面抗日战争爆发，滃江水电站工程被迫中断，不了了之。

1933年兴建的明远水电站的发电机房（上）和水力堤坝（下）

省内各地电力的发展

1930—1937年，广东电力工业逐步向县域和个别乡镇延伸，各地商人和华侨先后创办了蕉岭明光、惠阳力光、恩平光明、增城通明、博罗景星、台山公益、潮安怀光、揭阳开明等电灯公司或电厂。

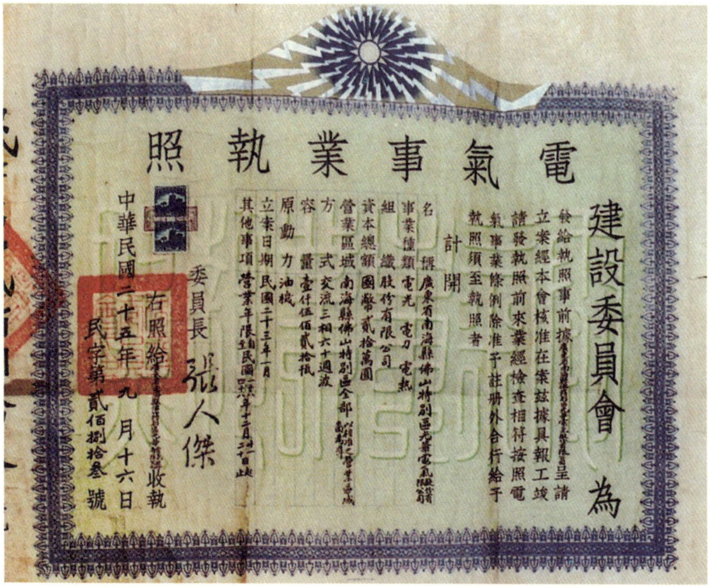
電氣事業執照
建設委員會 為
發給執照事前據 呈請
立案經本會核准在案茲據具報工竣
請發執照前來業經檢查相符按照電
氣事業條例除准予註册外合行給予
執照須至執照者
計開
名稱 廣東省南海縣佛山特別區光華電氣股份有限公司
事業種類 電光 電力 電熱
組織 股份有限公司
資本總額 國幣貳拾萬圓
營業區域 南海縣佛山特別區全部
方式 交流三相六十週波
容量 壹仟伍佰貳拾瓩
原動力 油機
立案日期 民國二十三年一月
其他事項 營業年限
委員長 張人傑
右照給 收執
中華民國二十五年九月十六日
民字第貳佰捌拾叁號

1936年佛山光华电气公司的“电气事业执照”

1936年台山商人在海晏镇创办大光电力公司

官商纠葛

全省民营电业联合会成立

1930年2月20日，广东全省民营电业联合会在广州太平南路新亚酒店举行成立大会。萧冠英任主席。

1930年全省民营电业联合会成立大会上全体会员合影（前排左四为萧冠英）

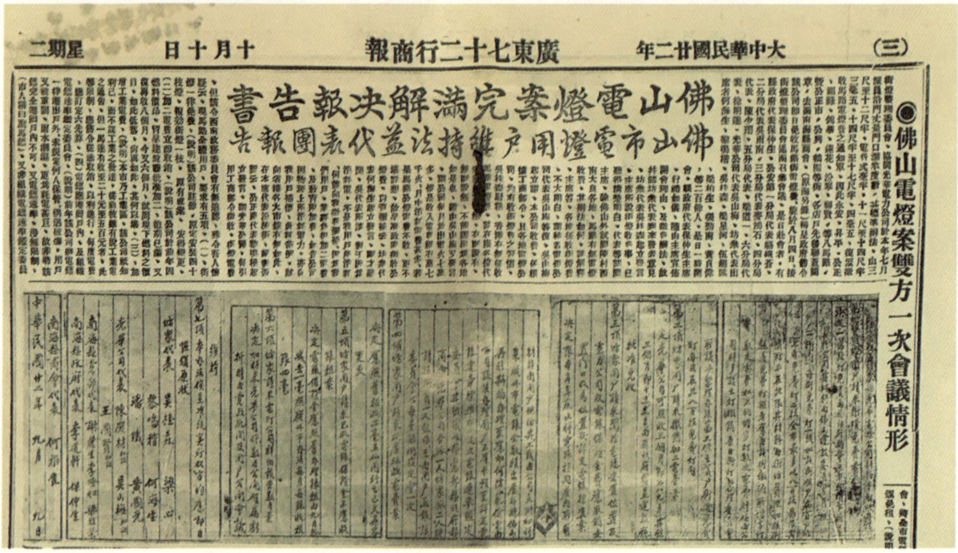

(三) 大中華民國廿二年 廣東七十二行商報 十月十日 星期二

佛山電燈案完滿解決報告書

佛山市電燈用戶維持法益代表團報告

佛山電燈案雙方一次會議情形

1933年佛山发生一起用电纠纷案。图为《广东七十二行商报》刊登的《佛山电灯案完满解决报告书》

广州市商办电力公司收归市营

1932年7月8日，广东省政府以公用事业应由政府经营、便于扩充电力设备和电力公司管理不善为由，将广州市商办电力公司收归市营，由广州市电力管理委员会主管。1934年，广州市电力管理委员会改组为广州市电力管理处。

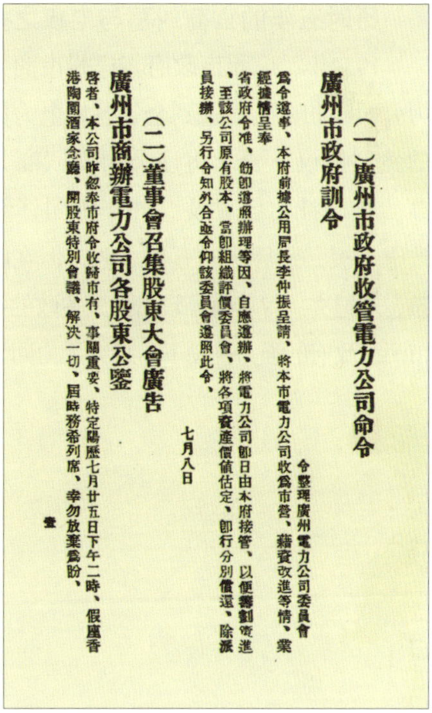

（一）廣州市政府收管電力公司命令

廣州市政府訓令

令整理廣州電力公司委員會

爲令遵事、本府前據公用局長李仲振呈請、將本市電力公司收爲市營、藉資改進等情、業經據情呈奉省政府令准、飭卽遵照辦理等因、自應遵辦、將電力公司卽日由本府接管、以便籌劃改進、至該公司原有股本、當卽組織評價委員會、將各項資產價値估定、卽行分別償還、除派員接辦、另行令知外合亟令仰該委員會遵照此令、

七月八日

（二）董事會召集股東大會廣告

廣州市商辦電力公司各股東公鑒

啓者、本公司昨忽奉市府令收歸市有、事關重要、特定陽歷七月廿五日下午二時、假座香港陶園酒家念廳、開股東特別會議、解決一切、屆時務希列席、幸勿放棄爲盼、

壹

1932年广州市政府下令收管广州电力公司

1932年广州市电力管理委员会大门

历时五年的官商纠葛与电权之争

1932年，广州市政府将广州市商办电力公司收归市营，遭到全省各地电力同行的强烈抗议，要求将该公司交回商人自办。全国社会各界及海外华侨团体纷纷致电声援，前后历时五年之久，但在陈济棠、刘纪文、曾养甫等政治强人主政的省、市两级政府的强力推动下，最终无力回天。

因、紀錄在卷除已照辦理外、相應函請貴會查照、轉知爲荷、此致廣東全省民營電聯合會

全國民營電合聯會啓十十九

粵省電氣同業聯電

中央黨部、國民政府、各院部會、各省黨部、各省政府、各省建設廳、廣州西南執行部、政務委員會、第一集團軍總司令、廣東省政府、廣東建設廳鈞鑒、各報界公會、總商會、實業團體、職工團體、民營電業聯合會、海外華僑團體、各商會、各報館公鑒、此次廣州市電力公司、突奉廣州市政府命令、收歸市營、經即派員接收一事、商等備聆之下、至深驚駭、查民營公用事業監督條例、內載民營公用事業、滿三十年後、監督機關、得備價收歸公營、但須於一年前通知等語、又查十八年九月五日、行政院二九七二號訓令、規定、經政府所轄機關、核明注册之商辦公用事業、在年限未滿以前、不得收管等因、又查四中全會、對於民營電氣事業、有應予保障之議決案、今該公司事辦年限未滿。自近年整理後。計去年營業。獲純利五十餘萬元。既無違背電氣事業取締條例。又非缺乏資力。至不可維持。自應予以保障。今竟將該公司急切收管。不特違背法令。幷足使實業界相戒不敢投資。爲計之左。莫逾於此。商等再難緘默、迫得通電呼籲上、陳鈞聽、伏望主持公道。迅電廣州市政府。取消前令。將該公司交回商人自辦。以重法令。而維實業。不勝迫切待命

肆叁

1932年广东各地电灯公司联电反对将广州市商办电力股份公司收归市营

广州市政府职员合影（前排右五为时任广州市市长刘纪文）

往事觅踪

民国初期广东电力发展特点

辛亥革命后，社会相对较稳定，为电力发展创造了有利条件。中华民国初期，广东电力发展主要有以下几个特点：一是电力被广泛地接受和使用，市场不断扩大，需求迅速增长；二是海外华侨商人和实业家为广东电力的发展贡献颇巨；三是电力的发展主要集中在珠江三角洲地区；四是企业自备电厂发展较快，数量之多、规模之大全国少有；五是发供电设备和燃油主要靠进口，电力技术与管理落后。

1933年江门北街的电线杆

1935年中山县石岐的电线杆

广东电力工人的抗争

1930年5月25日，广州电力公司安装电灯工人在五仙门发电所前集会，抗议公用局强迫工人去做有害身体健康的工作，并挂起“反对国民党屠杀电灯工人”等标语。

1937年4月，东莞石龙镇电灯局更换资方，乘机开除工人，另雇新工，并关闭公司大门，不准原来的工人进入。劳资双方发生冲突。

20世纪30年代电力工人。上图为广州市电力管理委员会员工，下图为西村发电所员工

中共广州电力管理处党支部成立

1937年8月，广州市电力管理处李梓高由中共广州市委妇女工作部负责人之一的谭本基介绍加入中国共产党。1938年4月，李梓高介绍同事冯秉乾入党后，中共上级党组织指定他们与广州邮政局的党员陈道联系，秘密成立“中共广州电力管理处党支部”，代号为“LB”支部，开展抗日救亡宣传活动。

1937年7月李梓高（右一）与谭本基（右二）等人合影

名人小传

萧冠英

广东大埔百侯人，1920年毕业于日本九州大学电工系，回国后从事电力科学技术研究。1929年，萧冠英出任广州电力公司总经理，1930年任广州电力整理委员会主任，反对广州市政府强行接管电力公司。后曾任中山大学代理校长、韶关市长。1945年病逝。

萧冠英（1892—1945）

20世纪20年代的五仙门发电所远眺图

刘纪文

祖籍广东顺德，1890年出生于东莞县横沥镇下车岗村，家境清贫。1910年加入同盟会，后留学日本，加入中华革命党。1917年回国，参加护法运动，后成为国民党政要。1932—1936年任广州市市长期间，致力于城市建设，力主接管广州电力公司，由民营改为市营。1957年在美国病逝。

刘纪文（1890—1957）

1932年2月25日刘纪文主持广州河南发电所投产仪式

马一樵

广东鹤山鹤城人，著名乡绅和实业家。少年时赴智利谋生，后在香港、广州创办肥料公司。20世纪20年代中期，回鹤山任五区区长，致力于家乡教育、交通、城建、电力事业。1932年，在鹤城区址山河上游兴建水电站，安装金属下击式水轮机，拖带30马力的发电机。1936年，该站由于水力不足、运行不正常而停业。全面抗战爆发后，举家迁往澳门，从事抗日救亡和家乡救灾赈济工作。

马一樵（1885—1943）

马一樵故居（位于今鹤山市鹤城）

张培作（1899—1958）

张培作

广东恩平东安上横槎村人。少时丧父，家境贫穷。1917年赴墨西哥坎昆谋生，后成为富商。1932年回乡创办光明电灯公司，是年10月10日该公司正式发电，发电容量为76.4千瓦，可供5000盏以上10—16瓦电灯照明，开启了恩平有电的历史。后因税负增大、偷电严重，经营难以为继，光明电灯公司于1938年倒闭。不久后资产被官商“接管”侵占。1943年经打官司夺回资产，重新招股开办和记兴记股份有限公司，直至1949年10月方自行解散。张培作1936年重返墨西哥后继续经商，未再回国，1958年病逝。

曾养甫

广东平远人，毕业于美国匹兹堡大学研究院，获矿冶工程师学位。1925年回国参加国民革命，后从政。1927—1932年，在担任国民政府建设委员会副委员长及浙江省建设厅厅长期间，整顿、扩充首都及戚墅堰两间发电厂。1936—1938年担任广州特别市市长期间，主张电力企业实行公营，新建西村发电所。

曾养甫（1898—1969）

1937年宋庆龄来到广州，曾养甫陪同她检阅广州女子部队

文树声（1898—1941）

文树声

广东顺德桂洲马岗人。早年毕业于美国哥伦比亚大学，获电学硕士学位。1931年，应陈济棠之聘，先后担任广东省建设厅技正、广州电力公司资产评价委员会委员、西村发电所工程处处长、滃江水电站勘测团主任、广州市政府公务局局长等职。抗战期间染病赴澳门求医和谋生。1941年因中暑救治无效去世。

第四章 战火劫难

1937年7月7日，日本发动全面侵华战争，并逐渐将魔掌伸向华南地区。1938年10月21日广州沦陷，侵略者铁蹄所到之处，生灵涂炭，百业萧条。日军侵粤期间，全省发电装机容量减少38%，发电量锐减至战前的四分之一，损失惨重，国内罕见。抗战胜利不久，国共内战爆发，灾难的阴云再次笼罩在南粤上空。在连年战火的影响下，广东电力举步维艰、日渐衰落，发展速度远远落后于全国平均水平，1949年人均发电装机容量和发电量只有全国平均数的二分之一。

1937年7月7日日本发动全面侵华战争

1946年6月26日国共内战全面爆发

日寇铁蹄

广州西村发电所被炸损毁

1938年6月8日，日军飞机空袭广州，大量工厂、商店和住宅被炸，无数百姓家破人亡，给广州人民生命财产造成极大破坏。其中，西村发电所被三颗炸弹击中，设备和建筑物遭到严重破坏，损失计61万元。

1938年遭日军飞机轰炸后的广州及死伤民众

广州市政府撤退前烧毁西村发电所2号发电机组

1938年10月，日军入侵广州前夕，广州市政府在撤退时命令西村发电所烧毁2号1.5万千瓦发电机，并将1号机的调速马达、部件仪表拆下转移至四川宜宾电厂，使1号机也无法运行。

1938年10月20日烧毁的广州西村发电所2号发电机（1950年摄）

1938年广州西村发电所远眺图

日控台湾电力公司接管广州电业

广州沦陷后，日军没收广州电力公司下辖的五仙门发电所、河南发电所和西村发电所等，由日本人控制的台湾电力公司接办，改为台湾电力公司广东支店广州市电力厂，为日本侵略战争服务。

1938年10月21日日军占领广州时进行烧杀抢掠。图为五仙门发电所门前的日军和旁边燃起的熊熊大火

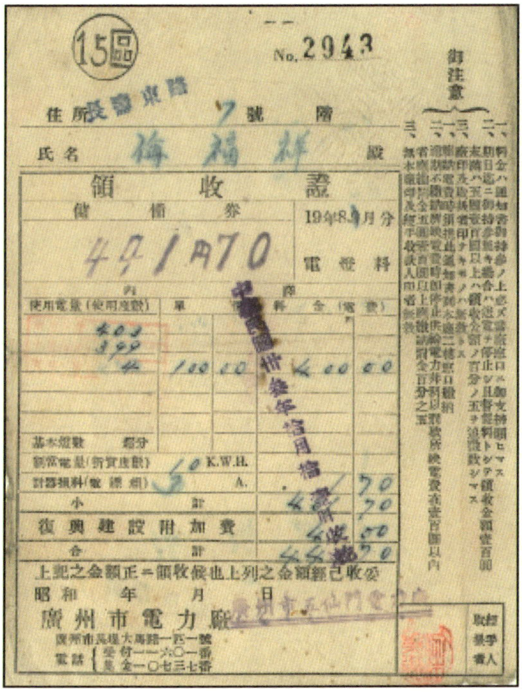

15區 No. 2943

住所 長堤東路 7號 附

氏名 倫福祥 殿

領收證

儲備券 1944年8月分

471円70

電燈料

上記之金額正ニ領收候也上列之金額經已收妥

昭和 年 月 日

廣州市電力廠

廣州市長堤大馬路一四一號

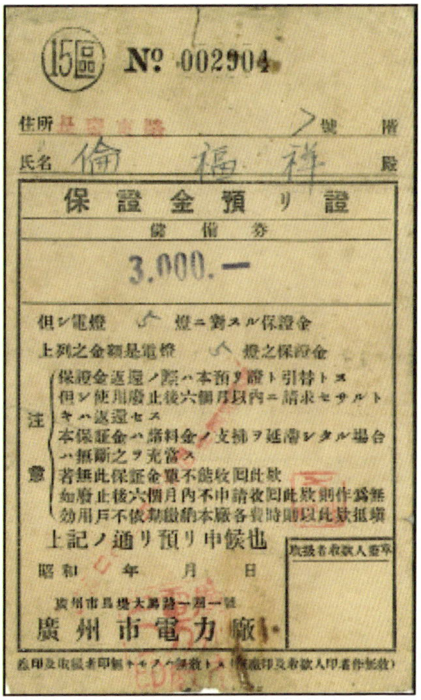

15區 № 002904

住所 長堤東路 7號 附

氏名 倫福祥 殿

保證金預リ證

儲備券

3.000.—

但シ電燈 5 燈ニ對スル保證金

上列之金額是電燈 5 燈之保證金

上記ノ通リ預リ申候也

昭和 年 月 日

廣州市長堤大馬路一四一號

廣州市電力廠

1944年广州市民的日文电费收据和保证金收据

各地电厂惨遭破坏

日本军队侵占广东期间，汕头、顺德、佛山、东莞、中山、江门、台山等地电厂设备或遭日军飞机轰炸，或被日军破坏拆迁，或因燃料供应中断等而先后倒闭、停业或减产。

1941年被日军烧毁后的台山县永明新记电力公司

1939年6月21日日本空军轰炸汕头。上图为日军飞行员轰炸时使用的航拍照片，注明了发电所、仓库的位置；下图为开明电灯公司被日机轰炸后的情形

广州开始向佛山供电

1938年，佛山沦陷后，光华电灯公司停业。1941年，建成广州西村发电所至佛山13.2千伏输变电工程，开始向佛山供电。1947年被拆除。

1941年建在佛山中山路的13.2千伏佛山变电站

1941年建设的广州13.2千伏西村发电所至佛山的输电线路

伪广东省当局限制市民用电

1944年2月，伪广东省政府颁布告令，规定普通商店每晚用电营业至9时30分，在此之后所有电器一律禁用。3月，禁止市民白天使用电灯。6月，强令市民每个电表每月限用电2千瓦时，普通电力用电减半。7月，宣布停止向市民供电。广州夜间重回油灯世界。

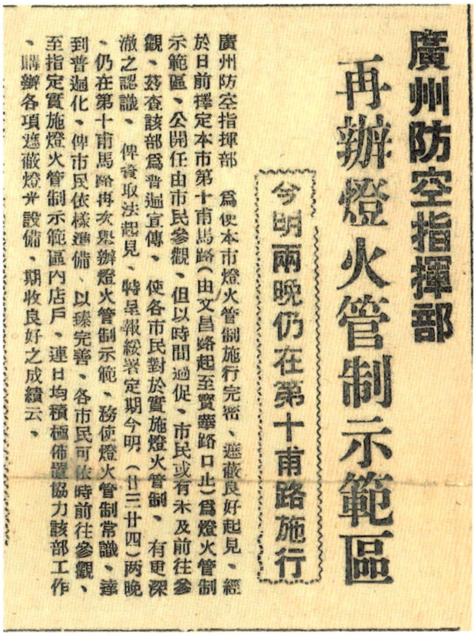

廣州防空指揮部
再辦燈火管制示範區
今明兩晚仍在第十甫路施行

廣州防空指揮部、爲使本市燈火管制施行完密、遮蔽良好起見、經於日前擇定本市第十甫馬路（由文昌路起至寶華路口止）爲燈火管制示範區、公開任由市民參觀、但以時間過促、市民或有未及前往參觀、玆查該部爲普遍宣傳、使各市民對於實施燈火管制、有更深澈之認識、俾資取法起見、特呈報綏署定期今明（廿三廿四）兩晚、仍在第十甫馬路再次舉辦燈火管制示範、務使燈火管制常識、達到普遍化、俾市民依樣準備、以臻完善、各市民可依時前往參觀、至指定實施燈火管制示範區內店戶、連日均積極佈置協力該部工作、購辦各項遮蔽燈光設備、期收良好之成績云、

1943年7月日伪政府在广州《中山日报》上刊登的灯火管制示范区消息

日占时期的广州西堤上的街线

步履维艰

国民政府接管各地电力企业

1945年8月15日，日本战败无条件投降，饱经苦难的中国人民暂时得到休养生息、发展经济的和平环境。广东省政府立即派员接管被日寇侵占的广州、汕头、湛江等地的电业单位。

1945年广州人民欢庆抗日战争胜利

1945年8月接管日军侵占的湛江西营电灯公司。图为该公司旧址（2000年摄）

广州市电力管理处实行改组

1946年7月1日，广州市电力管理处改由国民政府经济部资源委员会与广州市政府合办，并改组为广州电厂，管辖广州市各发供电单位。

1946年广州电厂理事会成立，鲍国宝任理事长

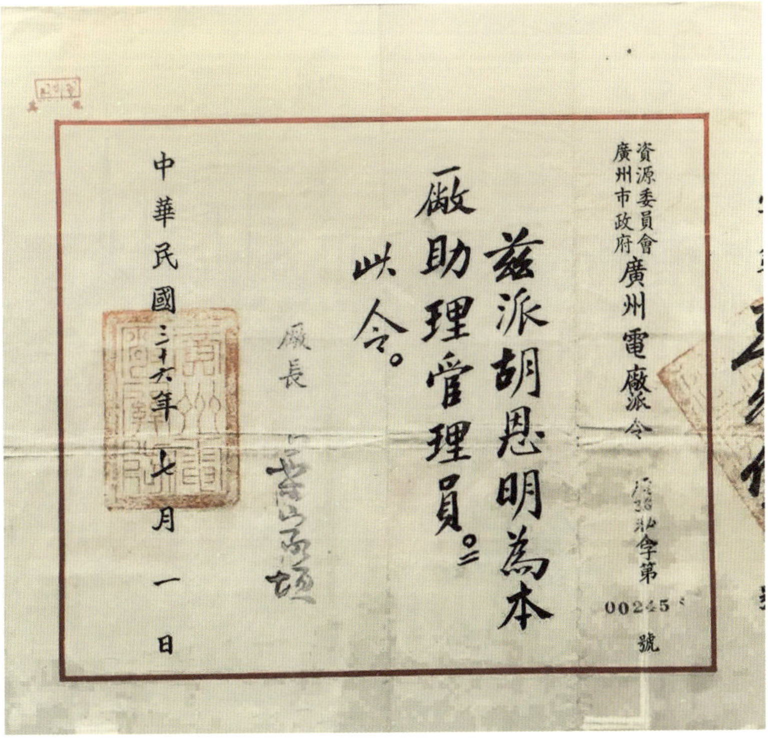

資源委員會
廣州市政府
廣州電廠派令

[illegible]字第00245號

茲派胡恩明為本廠助理管理員。

此令。

廠長 [illegible]

中華民國三十六年七月一日

1947年7月1日广州电厂委派令

各地开始修复发电设备

抗战胜利后，各地在战争期间关闭停办或遭受日寇破坏和掠夺的私人电灯公司，纷纷招回旧日技术工人，积极修复发电设备，恢复电力生产，以供民用。

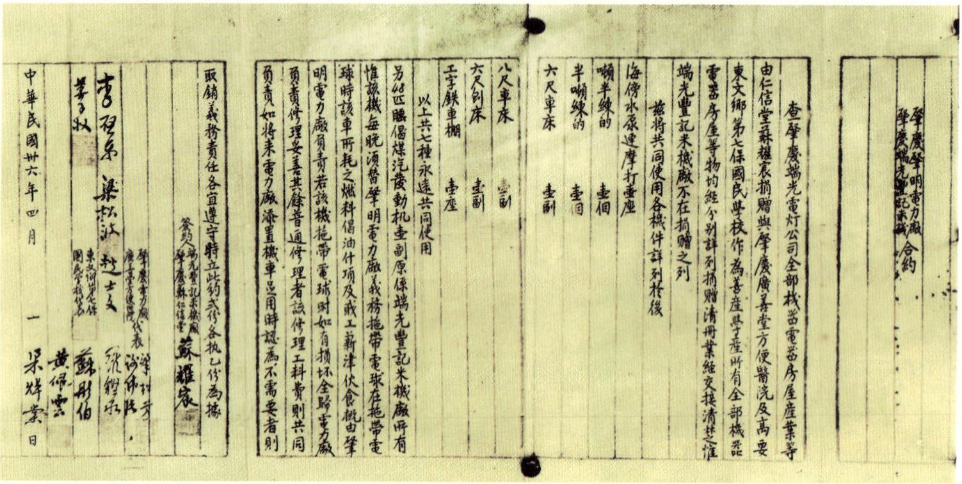
肇慶肇明電力廠 肇慶端光豐記米機 合約

查肇慶端光電灯公司全部機器電器房屋產業等由仁信堂蘇權宸捐贈與肇慶廣善堂方便醫院及高要東文鄉第七保國民學校作為善產其產所有全部機器電器房屋等物均經分別詳列捐贈清冊業經交接清楚惟端光豐記米機廠不在捐贈之列茲將共同使用各機件詳列於後

海傍水泵連摩打壹座

喇半線的 壹個

半喇線的 壹個

六尺車床 壹副

八尺車床 壹副

六尺刨床 壹副

工字鐵車棚 壹座

以上共七種永遠共同使用

另40匹臘備煤汽發動机壹副原係端光豐記米機廠所有惟該機每晚須替肇明電力廠義務拖帶電燈在拖帶電球時該車所耗之燃料偈油什項及戒工薪津伙食概由肇明電力廠負責若該機拖帶電球時如有損坏全歸電力廠負責修理妥善其餘普通修理者該修理工料費則共同負責如將來電力廠添置機車足用時認為不需要者則取銷義務責任各宜遵守特立此約各執乙份為據

中華民國卅六年四月 一 日

1947年肇庆肇明电力厂与用户肇庆端光丰记米机签订的供电合约

1949年江门长堤的电线杆

全省电力发展缓慢，艰难维持

1946年第三次国内革命战争全面爆发后，社会再次动荡，经济不振，广东电力发展缓慢，艰难维持生产。其间，在番禺、台山、蕉岭、龙川、曲江、翁源、电高（今电白和高州）等地兴建了一批小型电厂。至1949年，仍未恢复到抗战前的历史最高水平。

1946年广州永汉路（今北京路）广东省财厅前夜景

广州市低压配电线路分期进行升压

1948年，广州市低压配电线路开始由110伏/220伏升至220伏/380伏，并完成河南全区及西关、南堤、东山等一部分地区的升压工作。

1949年广州西堤路上的电线杆

建设广州西村至城北13.2千伏输变电工程

1949年6月，广州西村至城北13.2千伏输变电工程建成投运。该工程在城北变电站安装三台2000千伏主变压器，架设城北变电站至西村发电所、五仙门发电所两条13.2千伏线路。

20世纪40年代末广州的13.2千伏输变电设备：上图为铁杆线路，下图为安装在原广州士敏土厂的主变压器

黎明前夜

广州各发电所开展护厂斗争

广州解放前夕，在共产党的领导下，西村发电所、五仙门发电所成立了护厂队，并在厂房四周修建了铁丝网，利用沙包、高压蒸汽喷嘴和石灰包等进行防卫。工人臂扎红带，手执铁棒，日夜守护着发电厂，防止遭受破坏。

1949年10月广州解放前夕，广州市民自发组织自卫队，堆沙包、关街闸，以防破坏。图为市区某处街闸

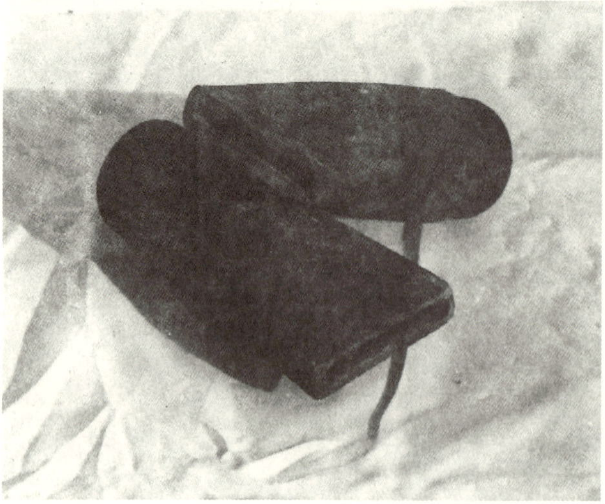

廣州五仙門發電所
工友英勇完成護廠
鐵橋被炸時職工卅餘人受傷
堅持工作卽晚修復機件送電

1949年10月广州西村发电所工人护厂使用的高压蒸汽喷嘴和香港《大公报》刊登的关于五仙门发电所工人护厂斗争的报道

国民党军队炸毁海珠桥致使五仙门发电所受损

1949年10月14日，驻广州国民党军队逃跑前用炸药炸毁海珠桥，随桥跨江的电线同时被炸断，河南发电所被迫停电。爆炸波及邻近的五仙门发电所，导致30多名工人受伤，发电机被震坏而停机。

1949年10月14日被国民党军队炸毁的广州海珠桥

1949年10月15日解放军进驻广州后查看被炸毁的海珠桥

五仙门电力工人迅速抢修复电

1949年10月14—15日，五仙门发电所工人在敌机还在大桥上空盘旋的情况下，冒着生命危险对该厂被海珠桥爆炸震坏的发供电设备进行抢修，迅速恢复供电，让羊城重现光明。

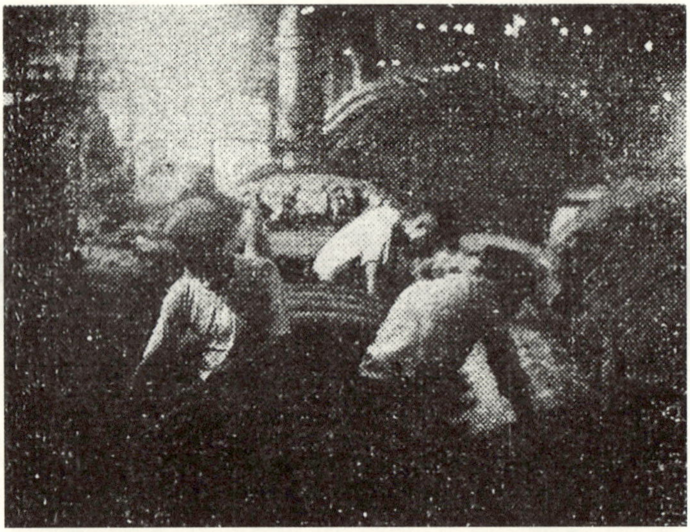

1949年10月五仙门发电所工人对被破坏的发电机组和输电线路进行抢修

各地电力企业迎接解放

1949年广东临近解放之时，国民党反动势力妄图破坏电力设施，制造混乱。在这种复杂危险的情况下，广州、佛山、肇庆、汕头等地的中共地下组织，对上层人士和工人群众分别进行工作，揭穿反动势力的阴谋，组织力量保护电厂，迎接解放。

1949年10月15日中共广州地下党员在东亚大酒店三楼窗口升起了第一面五星红旗迎接广州解放。图左下方冒烟处为五仙门发电所

1949年底汕头开明电灯公司工人抢修柴油发电机组

历史回望

民国时期的广东电力工人

民国时期，广东电力企业的人员配备包括职员和工人，其中员工最多的企业是广州电厂。据1949年1月统计数据，广州电厂及所属发电所共有员工1151人，其中管理人员222人，技术人员97人，技工、学徒、小工648人，杂工、公役107人及其他员工77人。

民国时期电力企业也有女工的身影：上图为1929年中山迪光安记电力灯所的女工，下图为1949年广州电厂女工在黄花岗合影

中华人民共和国成立前广东电力发展水平

广东自1888年有电开始，经过61年艰难曲折的发展，至1949年，据不完全统计，广东发电设备装机容量共5.8万千瓦，年发电量1.399亿千瓦时，但仍未形成电网，均由各发电厂独立供电。人均发电装机容量和发电量只有全国平均数的二分之一。全省56%市、县的城镇部分居民能用上电，广大农村除珠三角地区个别乡镇外，其他地区基本无电。

1946年中山县石岐孙文西路上的街线

1948年梅州兴宁县城西教堂旁的电线杆

1949年江门沙仔尾街边的电线杆

清末民国时期广东电力发展的特点

纵观清末民国时期广东电力发展史，有以下四个特点：早——广东是中国用电最早的地区之一，仅迟于上海，与北京、天津同步，至1949年有61年的电业史；快——广东从辛亥革命至日军全面侵华前的26年间，发电量年均增长18.6%，1937年发电装机容量超过7万千瓦，居全国第二位；惨——日军全面侵华期间，广东电业惨遭严重破坏，发电容量减少38%，发电量锐减到战前的四分之一，损失惨重，国内罕见；衰——广东电业从1938年开始日渐衰落，发展速度落后于全国。

1948年的五仙门发电所外景

故人故事

谭蔚亭

广东台山人，著名华侨，台山公用事业的奠基人。1926年谭蔚亭联络归侨邝醉生、谭裔简等人，折价收购伍俊庭等人于1919年创办、1925年歇业的永明电灯公司，并更名为永明新记电力公司重新开业。1941年，日军攻占台城，发电机被毁，该公司倒闭。1947年，谭蔚亭与梅质彬等人筹建蛮陂头水电站。1949年谭蔚亭经香港去南洋，后赴美国。

谭蔚亭（1890—1981）

1937年的台山永明新记电力公司

罗汉才（1904—1956）

罗汉才

广东兴宁人，民族工商业家。20世纪30年代担任兴宁兴光电灯公司经理，是时，该公司安装90马力木炭机和60千瓦直流发电机各两台，供县城镇照明、工业用电。后逐步涉猎交通、运输、电信、医疗、教育、商业、纺织、房地产等行业，业绩显著，并为和平解放兴宁作出贡献。1954年，被以“反革命恶霸”罪冤判入狱，1956年病逝。1985年，广东省高级人民法院为其彻底平反。

鲍国宝

广东香山香洲（今珠海山场）人，中国电力工程专家，原水利电力部科学技术委员会主任。1922年毕业于美国康奈尔大学机械工程动力系。1936年任广州市电力管理处总经理兼总工程师，1946年任广州电厂理事会理事长，对广东电力工业的建设作出重要贡献，1947年调离。

鲍国宝（1899—1978）

1948年鲍国宝（左一）在冀北电力公司

1949年10月14日广州解放

第二篇 艰苦创业

（1949—1978）

一唱雄鸡天下白。1949年10月1日，中华人民共和国成立，广东电力迎来了一个崭新的创业时代。其间虽然经历“大跃进”和“文化大革命”的波折与动乱，但经过30年的艰苦奋斗，火电建设由以中低压、小机组为主，发展到以高压机组为主，一批大中型水电站相继建成，电网电压等级上升到220千伏，形成了以珠江三角洲为中心，连通粤北、粤西的大电网。到1978年，全省发电装机容量达到258万千瓦，年发电量96亿千瓦时，供电量92亿千瓦时，顺应了国民经济发展的需要。

第一章

百废俱兴

获得新生的广东，百废待兴，百业待举。

中华人民共和国成立初期，广东各地电厂先后转为国营、地方国营或公私合营，及时组建电力行业管理机构，迅速恢复电力生产。从1953年开始，国家实施第一个五年计划，广东电力建设主要是进行小型中低压火电建设，并开始试办小水电。输变电建设从13.2千伏向35千伏电压发展，用电范围从城市向农村不断延伸扩大。

1954年国营广州西村水泥厂外景

接管改制

军代表进驻发供电企业

1949年10月15日，中国人民解放军派代表进驻广州各发电企业。10月26日，派军管小组接管资源委员会、广州电厂及其所属发电所等单位。此外，省内部分地区的电力企业也实行军管。

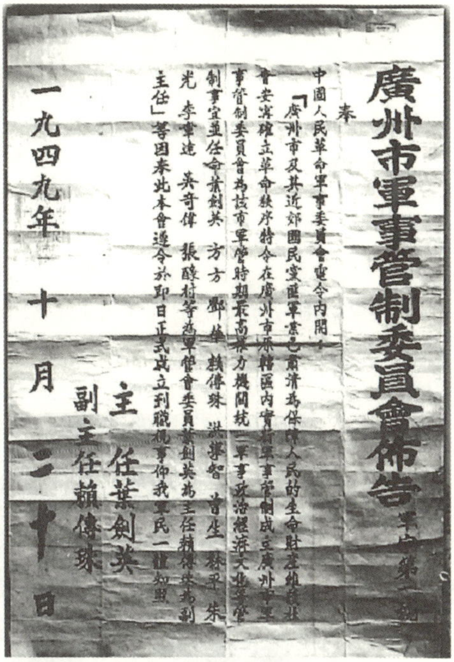
廣州市軍事管制委員會佈告

奉

中國人民革命軍事委員會電令內開：

「廣州市及其近郊國民黨匪軍業已肅清為保障人民的生命財產維持社會安寧確立革命秩序特令在廣州市屬轄區內實行軍事管制成立廣州市軍事管制委員會為該市軍管時期最高權力機關統一軍事政治經濟文化等管制事宜並任命葉劍英 方方 鄧華 賴傳珠 洪學智 曾生 林平 朱光 李章達 吳奇偉 張醇村等為軍管會委員葉劍英為主任賴傳珠為副主任」等因奉此本會遵令於即日正式成立到職視事仰我軍民一體知照

主任 葉劍英

副主任 賴傳珠

一九四九年十月二十日

1949年10月20日广州市军事管制委员会布告

1951年5月，中山军管会派军代表接管迪光安记电力灯所。左图为军代表林克，右图为林克巡查发电设备

广州率先建立新的电力管理机构

1949年11月，广州电厂改名为广州市人民政府电力厂，下辖五仙门发电厂和西村发电厂。

1950年1月，广州市人民政府电业管理处成立，隶属广州市人民政府公用局。

1951年2月，广州电业管理处上划，隶属于中南军政委员会工业部燃料工业管理总局。

1952年10月，成立中南工业部广州电业局。曾志任广州电业局第一任党委书记兼局长，王焕任党委副书记兼第二局长。

1949年12月26日广州市人民政府电力厂和河南电厂员工举行庆祝广州解放活动留影

曾志（右）与王焕（左）合影（1982年摄）

电力企业逐步改为全民所有制

20世纪50年代中期，原有的官办、外资发电厂陆续改为地方国营，私营发电厂先后转为公私合营或地方国营。新建的火电厂和大中型水电厂主要由国家和省投资，全民所有制电力企业得到较大发展。

1956年肇庆肇明电力厂改为地方国营高要县人民电力厂，于1958年并入肇庆电力厂

1956年潮安电力加工厂改为潮州地方国营电力厂。图为1956年该厂职工合影

复产扩建

严防敌特破坏，保障用电

中华人民共和国成立初期，国民党军队飞机经常轰炸、骚扰广州、汕头、江门、湛江等城市，并不断派遣特务进行爆炸、暗杀等破坏活动。广东各地发供电值班人员不怕危险，坚守岗位，积极抢修被损坏的电力设备，保证工厂生产和市民用电。

1950年3月广州电力工人抢修被国民党飞机炸毁的供电设施

1950年2月江门被国民党飞机炸毁的电力线路

广州西村发电厂修复设备和扩建

1950—1952年，广州西村发电厂先后修复长期弃置的1号、2号中压汽轮发电机组并恢复运行。1957年开始扩建3号、4号机组，容量分别为1.5万千瓦和1万千瓦，于1958年3月27日和8月18日先后建成投产。

广州西村发电厂于1958年建成投产的3号和4号发电机组

兴建一批中低压小火电厂

“一五”计划期间，广东在经济较发达的区域中心城市和煤矿附近，兴建一批中低压小火电厂，主要是：在粤东兴建汕头（赤滘）电力厂，一期总装机3000千瓦；在粤西兴建湛江新村发电厂，总装机7300千瓦；在粤北兴建韶关东河发电厂，总装机3000千瓦。

1955年6月兴建的湛江新村发电厂（1995年摄）

县城积极兴建小型柴油发电机组

中华人民共和国成立后，珠三角地区的高鹤（今高明和鹤山）、开平、惠州，粤东的揭阳、潮州、南澳、梅县，粤西的吴川、廉江、海康、遂溪、湛江、封开，粤北的阳山、南雄、乐昌等县市，采用政府出资、公私合营、业主独资或股份制等各种方式，兴建了一批小型柴油机发电厂。

1956年建成的惠州电力厂旧址（1999年摄）

1956年建成的湛江兴隆柴油发电车间旧址（1999年摄）

农村开始试办小水电站

1950年3月，台山县人民政府通过向社会招股集资及接受广东省工业厅、县政府拨款，利用原在1947年订购的由美国制造的一台175千瓦水电机组，重新动工兴建蛮陂头水电站，于1952年4月投产。1951—1957年，兴宁县先后建成投产七层水电站和合水水电站。

1953年台山县蛮陂头水电站水轮发电机房

1957年建成的兴宁县合水水电站

发供电能力大幅度增长

经过三年恢复和“一五”计划建设，广东电力设备发电能力增加，供电范围扩大，发电量和用电量大幅度增加，分别由1949年的1.4亿千瓦时和0.69亿千瓦时，增加到1957年的3.83亿千瓦时和3.44亿千瓦时。

1959年中山石岐发电厂员工在架线

1952年的广州五仙门发电厂

网络延伸

广州地区发电厂实现联网运行

1952年2月17日，在统一频率和电压的基础上，广州建成投运13.2千伏河南输变电工程，五仙门发电厂与西村发电厂并网运行，联成广州电网，成为广东电力系统形成的开端。

1952年广州河南中路（今江南大道）的电线杆

1952 年兴建的广州13.2千伏河南变电站旧址（1997年摄）

35千伏电网的形成与发展

1955年1月15日，广东第一宗35千伏输变电工程——广州赤岗—黄埔岛输变电工程建成投产。此后，又陆续建设35千伏西村—龙潭、龙潭—赤岗、龙潭—员村、员村—黄埔、西村—芳村、芳村—南箕等输变电工程，广州地区形成了35千伏环形网架，并逐步向佛山、南海、从化、三水、顺德、番禺、东莞等地延伸和供电。

1955年兴建的广东第一座35千伏变电站——黄埔变电站旧址（1995年摄）

1958年建成投运的佛山35千伏敦厚变电站

1959年建成投运的台山35千伏坂潭变电站

110千伏输变电工程建设开始起步

为把流溪河水电站电力送入广州，广东开始建设110千伏输变电工程。1957年7月建成投运广东第一条110千伏线路——流溪河至广州输电线路，全长101千米。1959年6月建成投运广东第一座110千伏变电站——员村变电站，主变容量3.15万千伏安。

1957年7月建成的广东第一条110千伏线路——流溪河至广州输电线路

1959年6月建成投运的广东第一座110千伏变电站——员村变电站旧址（1995年摄）

规范整治

统一频率、电压，提高供电质量和运行水平

从1950年开始，新建发电厂统一采用50赫兹的发电机组；新架设线路电压统一为13.2千伏，高压配电线路电压统一为6.3千伏，低压配电线路电压统一为220伏 / 380伏。对原来频率、电压不符合标准的发供电设备，安排计划，逐步改造。

1949年的广州西村发电厂

广州电网建立二级调度系统

1952年广州电网形成后，广州电业局设立一级调度机构。1957年广州电业局线路管理所成立值班室，负责广州市6.3千伏及以下配电网的调度，广州电网开始形成二级调度系统。

1951年建成第一条通过广州海珠桥的高压电缆。图为遗留在草芳围01号水泥杆上的电缆部件

1955年广东第一条35千伏电缆——西花线建成投运。图为遗存的电缆旧迹

逐步建立各项发供用电制度

1955年起，根据电业法和部颁典型规程，以安全降耗为目标，广东电力部门组织人员全面修编各种现场操作规程，普遍开展反电力事故、保证安全发供电教育。至1958年，广东电力部门逐步建立运行、检修、安全作业和安全奖惩等各种规章制度。

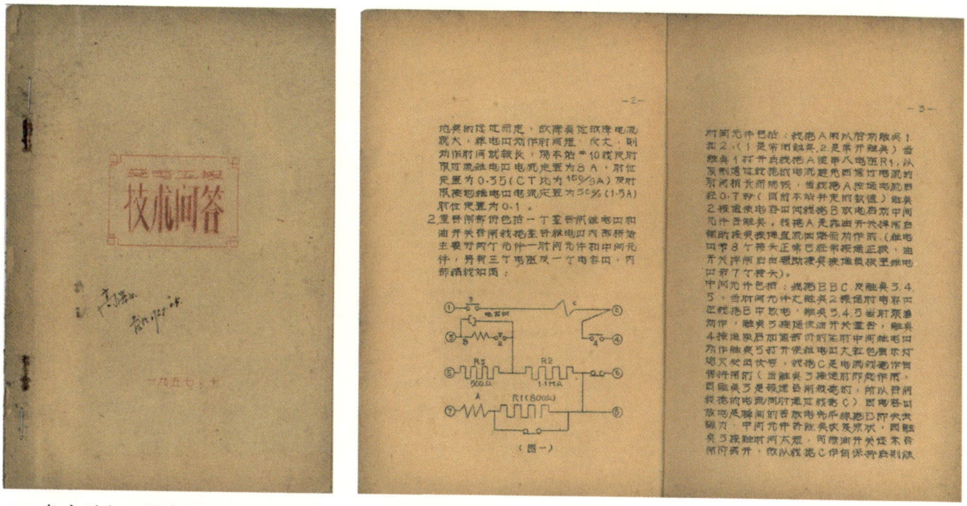

1957年广州电业局线路工段编写的《变电工段技术问答》

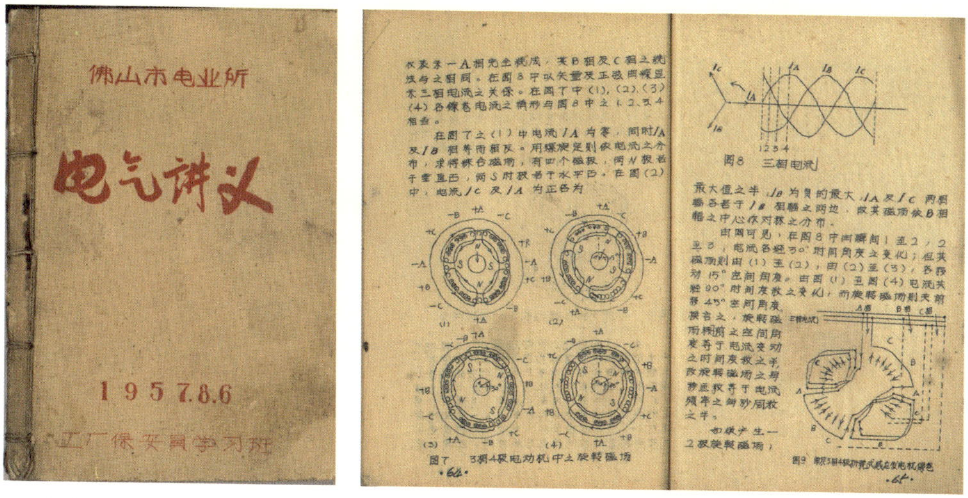

1957年佛山市电业所编写的《电气讲义》

对城市配电网进行整治改造

20世纪50年代，广东各地开始整修改造低压配电线路，将110伏/220伏低压线升压为220伏/380伏，将2.3千伏配电线升压为6.3千伏，从而提高送电能力，改善电压质量，降低线损。

1954年湛江赤坎中山二路上的街线

1955年韶关风烈路（今解放路）上的电线杆

1956年兴宁县城兴田路上的电线杆

1957年梅县商业中心凌风路上的电线杆

1958年江门蓬江长堤上的电线杆

1958年肇庆街道上的电线杆

民主管理

广泛开展职工文化补习和技能培训

中华人民共和国成立初期，广东电力企业职工中文盲占80%以上，各地采用各种方式开展识字扫盲、文化补习、技能培训等工作，采用互教互学、班组包干、教员下班组教学等形式，不断提升职工的文化水平和业务技能。

1955年广东省工业局第一届输配电训练班粤中区全体学员合影

1956年广州供电公司成立第一个修试班

依靠工人群众，实行民主管理

从1950年起，广东部分电力企业开始陆续建立职工代表会。企业每月工作计划和总结交职工代表讨论，并通过职工代表发动群众，共同完成任务。广州市电力管理处及所属西村、五仙门发电厂成立工厂管理委员会，负责讨论企业生产、管理工作和职工生活福利等问题。

1956年湛江新村发电厂先进生产者

1958年英德县人民发电厂第二次职工大会全体人员及家属合影

党员和团员对加速电力生产建设发挥了积极作用

20世纪50年代，广州和各地电力部门先后建立党组织和团组织，并围绕各个时期党的中心工作，积极组织发动广大党员和团员投身到电力生产建设中去，艰苦奋斗，发挥党员的先锋模范和团员的生力军作用。

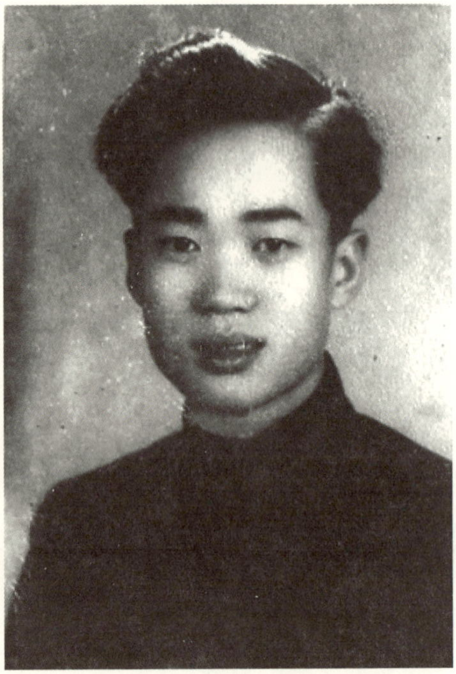

1953年中山迪光安记电力灯所党支部成立。左图为党支部书记萧德伦，右图为党支部委员梁悦生

1953年江门白沙发电厂团支部组织野外活动

1956年广州电业局青年修表组全体党员和团员合影

电力工人参与电力建设热情空前高涨

“一五”计划期间，广东电力企业开始实行民主管理，开展政治思想和文化教育，极大地调动了工人投身电力建设的积极性，各地电力生产迅速恢复，发供电量大幅增长，技术经济指标明显改善。

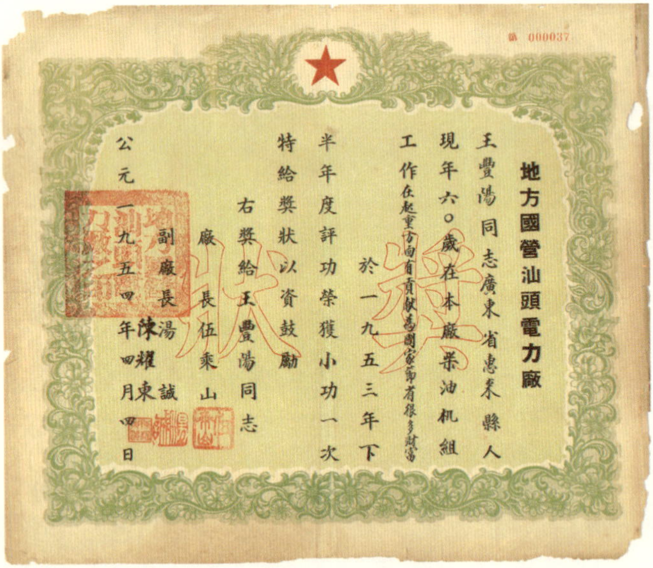
第 000037

地方國營汕頭電力廠

王豐陽同志廣東省惠來縣人現年六〇歲在本廠柴油机組工作在起重方面有貢獻為國家節省很多財富於一九五三年下半年度評功榮獲小功一次特給獎狀以資鼓勵

右獎給王豐陽同志

廠長 伍秉山

副廠長 湯誠 陳耀東

公元一九五四年四月四日

獎狀

1954年4月汕头（赤滘）电力厂向职工颁发的奖状

1953年8月16日《广州日报》刊登的反映广州电业局修配厂和西村发电厂工人劳动状态的宣传画

先辈风范

曾志（1911—1998）

曾志

湖南宜章人，中共中央组织部原副部长。1926年参加革命，1928年随朱德上井冈山，后转战福建、湖北和上海、延安、沈阳等地。中华人民共和国成立后，任中南军政委员会物资部副部长、工业部副部长。1952年兼任广州电业局党委书记、局长，1954年调离。

1932年在厦门从事地下工作时的曾志

1954年曾志与家人在广州家中合影

王焕

河北安国人，广东省人大常委会原常务委员。1938年参加革命工作，1952年2月起历任广州电业局筹委会主任、第二局长、局长，1956年8月任武汉电管局党组副书记、副局长，1958年2月任广东省电业局局长、党委书记，1961年2月调离。

王焕（1918—2006）

1994年王焕（左一）为电校题字

王生保

江苏溧阳人，中共党员。1942年进入广州西村发电所工作，先后担任修理股股长、汽机工场主任、副厂长等职务。中华人民共和国成立初期，他组织技术人员先后修复1号汽轮机和2号发电机。1959年被评为全国先进生产者，当选为第一、二届全国人大代表。1962年调往广州电业局任分区工会主任直至退休。

王生保（1899—1973）

王生保1959年在广州西村发电厂的工作照

第二章

激情年代

1958年，全国掀起“大跃进”运动，广东用电量迅速增加。这期间火电建设以低、中压汽轮发电机组为主，并开始建设高温高压机组，以应用电急需。但由于“大跃进”的“左”倾错误，广东基建项目安排过多，前期工作匆忙，工程盲目上马，基建战线过长，加上国家经济出现困难，导致后力不继，部分工程停建、缓建。

1958年茂名热电厂建厂初期的劳动情景

高歌猛进

电力管理范围逐步扩大至全省

1958年1月，经国务院批准，设立广东省电业局。

1960年7月，广东省电业局改名为广东省电业管理局。

1961年2月，广东省电业管理局与广东省水利电力厅合并，称广东省水利电力厅。

1964年10月，广东省水利、电力机构分设，成立广东电业管理局，同时撤销珠江电业局。

1959年的广东省电业局供电公司（即广州供电公司）办公楼

1958年成立的广东省电业局中心试验所旧址（今广州市东川路106号）

陆续组建勘测设计和施工企业

随着电力建设的发展，到1958年，广东先后成立组建了电力勘测设计院、水力发电工程局、电力工程公司、输变电工程公司、中心试验所等勘测设计、施工和制造企业。

1956年成立的广东省水力发电工程局前身是华东101工程处。图为该处员工（1955年摄）

1958年广东省电业局成立输变电工程公司线材加工厂。图为工人在简易工棚里开始创业

1958年广东省电业局以水利电力部下放的武汉送变电工程局部分人员为基础成立输变电工程公司。图为该公司成立时的部分员工

广东省电业局中心试验所1958年成立时有员工14人。图为该所部分员工

开展各种增产节约运动

1959年，开展以技术革命和技术革新为中心的增产节约运动；

1960年，开展以电保煤保钢保粮为中心的增产节约运动；

1963年，开展以安全经济生产和保证质量为中心的增产节约运动；

1964年，开展以“五好”为目标的比学赶帮的增产节约运动。

1959年新丰江水电站工程建设情景

1959年茂名热电厂工人劳动情景

1959年台山县蛮坡头水电站员工在为台城调荷节电

1962年茂名列车电站员工在检修发电机组

1964年佛山地区供电公司自制变压器油再生设备

1965年中山县供电公司员工进行变压器油再生试验

抗击自然灾害，减少事故损失

广东地处亚热带沿海地区，经常受强台风袭击。1964年9月5日，珠海、中山电网遭受强台风正面袭击，损毁严重，停电十多天。江门、肇庆、佛山等六个地区的供电公司派人驰援，全力投入抢修复电。

1964年9月5日中山电网被强台风吹倒的35千伏江石线64米跨江铁塔

1964年9月中山县供电公司员工在抢修倒塌的35千伏江石线64米跨江铁塔和10千伏墩石线

1964年9月中山县供电公司员工在抢修被台风破坏的35千伏湖州变电站围墙

1964年9月中山县供电公司员工在抢修被台风破坏的35千伏湖州变电站设施

实行“水火并举、因地制宜”方针

1958年，广东省政府提出电源建设实行“水火并举、因地制宜”的方针，火电建设以低、中压汽轮发电机组为主，并开始建设高温高压机组；水电建投实行大、中、小型并举的策略，加快电力建设。但由于采取“简易投产、后填平补齐”的做法，给日后的电力生产带来困难。

1957年正在建设中的流溪河水电站引水渠

1957年7月14日鲍国宝（前排左四）参观流溪河水电站时留影

治理整顿

全面压缩基建战线

1961年，针对“大跃进”期间出现的冒进问题，广东省电力主管部门按照“调整、巩固、充实、提高”八字方针的精神，坚决压缩工程项目，缩短基建战线，大力进行填平补齐，确保已建、在建工程质量。

1956年参加肇庆高要发电厂选址的工作人员合影

惠州电力厂职工宿舍旧址（2000年摄）

开展第一次企业整顿，恢复生产秩序

针对“大跃进”期间高指标、瞎指挥的错误所造成的企业管理制度松弛、不讲求经济效益等问题，广东电力企业在缩短基建战线的同时，全面开始企业整顿工作，管理工作得到了恢复和加强。

1962年花县供电公司办公楼

20世纪60年代的韶关地区供电公司机关办公楼旧址（1985年摄）

加强设备维修和更新改造

针对“大跃进”期间放松对设备的维护检修的情况，1961年后，广东各发供电企业开始恢复和加强对电力设备的计划检修，开展带电作业以减少对用户暂停供电的情况，做好主辅设备的更新改造和完善工作。

1962年3月19日广东河源发生6.1级地震，波及广州。图为广州供电公司工人在冒雨抢修受损的街线

1959年广东省电业局供电公司（广州供电公司前身）线路管理所带电检修班成员合影

生产和技术经济指标显著改善

全省电力工业逐步实行集中管理后，实行统一调度，加强专业管理，特别是技术管理和安全管理，建立各项规章制度，促使电力生产水平和技术经济指标不断提高。

1959年韶关发电厂工程总指挥、老红军钟美科在工地劳动

1963年广州供电公司经理刘凤山在220千伏棠下变电站检查工作

1964年佛山市委第一书记罗汝澄（后排左五）视察石湾110千伏变电站并与带电作业工人留影

1965年中南五省第一座42米特高跨河单杆在佛山整体组立成功

1965年，广州供电公司变电工人正在35千伏小港变电站安装主变压器

水火并举

建成投产流溪河、新丰江水电站

1958—1959年，广东第一座中型水电站——流溪河水电站1、2、3、4号水轮发电机组先后建成投产，总装机容量为4×1.05万千瓦。

1960—1966年，广东第一座大型水电站——新丰江水电站1、2、3号水轮发电机组先后建成投产，总装机容量为3×7.25万千瓦。

1958年流溪河水电站大坝施工现场

1957年广东省电力第一工程局工人在流溪河大坝浇筑混凝土、从吊罐卸料的情景

1959年正在建设的新丰江水电站，是广东第一座大型水电站

1958年新丰江水电站工人正在围堰合龙

1959年新丰江水电站工人正在安装下水管道

建成投产韶关发电厂、茂名热电厂

1960—1966年，韶关发电厂1、2、3号汽轮发电机组先后建成投产，总装机容量为7.4万千瓦。

1961年3月27日，广东第一台高温高压机组——茂名热电厂1号2.5万千瓦汽轮发电机组建成投产。

1959年3月韶关发电厂1号机组建设工地

1964年4月韶关发电厂正在建设3号发电机组厂房

1958年茂名热电厂动工兴建。以上为建厂初期的施工情景

各地兴建一批小火电厂

“大跃进”开始后，各行各业用电迅速增加，广东各地要求增加新电源，新建、扩建了一批中低压小火电厂，主要有汕头、湛江、高要、坪石、连阳发电厂和肇庆新桥、韶关东河、台山白沙、梅县扶大发电厂。

1960年8月建成投产的肇庆新桥发电厂。左图为该厂旧址（1996年摄），右图为该厂第一台发电机

1960年1月建成投产的连阳发电厂旧址（1989年摄）

地方小水电快速发展

1958—1965年，各市、县因地制宜，大力兴办小水电，规模较大的有台山大隆洞2000千瓦、清远迎咀2414千瓦、阳山官陂1600千瓦、大埔百侯2400千瓦、汕头龙颈水库3000千瓦等小水电站。

1961年建成投产的饶平县汤溪水电站（1976年摄）

1959年建成投产的信宜县铜鼓水电站

1965年建成投产的阳山县官陂水电站（1970年摄）

区域结网

广州电网扩展为珠江三角洲电网

1962年，110千伏广州芳村—佛山—江门线、佛山—永安线及佛山、江门、永安变电站建成投产，与广州市区110千伏环形网架连接，形成珠江三角洲电网。

1962年建成的110千伏广州芳村至佛山输电线路

1959年中山石岐发电厂工人在长洲架设110千伏江门至石岐输电线路

建设第一个220千伏输变电工程

广东第一个220千伏输变电工程是新丰江水电站—广州棠下变电站输变电工程，1960年基本建成，先以110千伏送电至员村变电站，1963年升压至220千伏运行。

1960年建成的广东省第一条220千伏输电线路——广新线的铁塔

1965年安装在广州220千伏棠下变电站的两台调相机

粤东西北地区电网逐步形成

韶关电网：1960年，韶关发电厂—十里亭变电站110千伏输电线路建成投产，再连接河西变电站，开始形成韶关电网。

汕头电网：1966年10月，汕头东墩110千伏变电站建成投产，龙颈—汕头线路升压110千伏运行，形成汕头电网。

茂湛电网：1967年5月，茂名热电厂—湛江市赤坎110千伏线路、变电站建成，茂名、湛江地区连成电网。

1960年3月茂名第一座35千伏变电站——文冲口变电站建成投产。图为茂名热电厂供电所员工在架线

1961年湛江发电厂电修班全体成员合影

电网由城市向农村延伸

1959年，广东开始部署由广州电网向珠江三角洲及东江、西江、北江下游的25个市、县供电，建设发展农村电网，为电动排灌站及乡镇工业提供动力。此后，电网逐年由城市向农村延伸，到1966年，珠江电网供电范围扩大到30个市、县。

1961年3月25日，东莞、增城、博罗电动排灌工程指挥部工程技术员建成留影

1962年东莞县电业公司石龙供电所员工庆祝通电一周年合影

党群工作

加强党工团组织建设

1958年起，广东省电业局不断加强对直属各单位党群工作的指导，基层党组织逐步健全，工会、共青团相继建立，对调动广大干部职工参加社会主义建设的劳动积极性发挥了重要作用。

1959年8月13日广东省电业局第二次团代会代表和工作人员合影

1961年12月茂名热电厂首届职工代表大会全体代表合影

1962年广州西村发电厂汽轮机毛泽东著作学习小组

1963年1月17日肇庆供电公司成立时配电部门全体人员合影留念

开展“五反”“四清”运动

1963年，开展反贪污盗窃、反投机倒把、反铺张浪费、反分散主义、反官僚主义的“五反”运动。

1964年，在西村发电厂和广州、佛山供电公司等11个企业中开展清思想、清政治、清组织、清经济的“四清”运动。

1963年韶关发电厂运行车间锅炉甲班合影

1963年12月24日佛山地区供电公司“1963年社会主义建设先进生产（工作）者”合影

1964年中山县供电公司出席珠江电业局先代会全体代表合影

1965年东莞县供电公司抢修班合影

开展民兵训练和各类文体活动

20世纪60年代，广东电力系统各单位陆续组建民兵组织，并根据各个时期的要求，有计划地组织开展训练活动。同时先后建立一些文体设施，并组织职工开展文艺会演、运动会等各类活动和比赛。

1961年中山石岐发电厂民兵训练

1964年5月1日高鹤县供电公司举办庆祝“五一”晚会

1965年惠阳地区供电公司员工举行篮球比赛

1966年东莞县供电公司员工进行游泳集训

岁月留痕

电力生产建设"大跃进"的后遗症

"大跃进"期间，受高指标、瞎指挥、浮夸风等"左"倾错误路线的影响，广东各发供电企业一是打破规章制度，导致了安全生产水平下降；二是违背科学，盲目提高设备铭牌出力，加速了设备的磨损、老化；三是电力建设前期工作匆忙，工程盲目上马，造成了极大浪费和不良影响。

1958年广东省电业局输变电工程公司线材加工厂开展土法炼钢

苏联援建项目的作用与影响

中华人民共和国成立后，中苏两国关系良好，苏联援助中国建设156项工程，并派出技术专家予以指导。茂名热电厂为其中24项大型火力发电工程之一。1960年7月，苏联撕毁中苏经济技术合作协议，撤走在华工作的全部专家，使设计和施工均采用苏联设备的茂名热电厂工程受到严重影响。

1957年12月鲍国宝（右二）在广东省委交际处与东德专家合影

1959年中方专家在新丰江水电站建设工地与苏联专家合影

萧强（1926—1959）

萧强

广东惠阳人。1926年出生于一个贫苦农民家庭，自幼父母双亡。1942年参加革命，曾任东江纵队交通员、手枪队组长、武工队中队长、营长。1949年在攻打海丰县城时身受重伤。中华人民共和国成立后调任广州公安总队营长。1958年调任新丰江水电局二工区党委副书记。1959年2月23日，在新丰江水电站抗击特大洪水、抢救水坝围堰中不幸牺牲。1981年，被广东省人民政府追认为革命烈士。

黄慎容（1934—1959）

黄慎容

1934年出生于香港商业资本家家庭，后独自回广州读书。1953年考入武汉水利学院水工建筑系。1957年毕业分配到流溪河水力发电工程局工作，任助理技术员。1958年转为技术员，兼任共青团总支委员、团支部书记和工会委员等职。1959年1月调入新丰江水电局工区厂房Ⅰ段负责施工技术管理工作。同年2月23日，在新丰江水电站抗击特大洪水、抢救水坝围堰中不幸牺牲。1981年，被广东省人民政府追认为革命烈士。

张利见（1915—1988）

张利见

福建古田人，原新丰江水电工程部工段长。1958年12月在南水水电站工地施工时，部分地方崩塌严重，他挺身而出带队完成塌顶支撑的艰巨任务。1959年5月，上游几千根木方被突发洪水冲散，他奋不顾身组织群众抢救国家财产。同时大搞技术革新，制造了许多先进工具和土设备，弥补了施工设备的不足，并积极培养技术工人，是年被评为全国工业、交通运输、基本建设、财贸方面社会主义建设先进生产者。

陈姑娘（1933—？）

陈姑娘

福建古田人，原广东省电力第一工程局职工。1956年12月，带头冒着严寒下水清理流溪河水电站导流洞口的数十方杂石。1957年9月，动工开挖高压斜井时，认真钻研施工操作时碰到的“拉差”问题，提议中心部分增钻五个浅孔作为拔心而取得成功，并将此经验应用于引水隧洞的开挖，大大加快了斜井和隧洞的开挖进度，创造了全国水电施工速度新纪录。1958年12月，被评为全国青年社会主义建设积极分子。

第三章

风雨兼程

“文化大革命”十年，广东电力生产建设受到极大的干扰和冲击，发供电企业各项行之有效的规章制度被废除，管理工作几乎处于瘫痪状态。但广大电力干部员工排除干扰，克服了各种困难，电力生产建设仍取得新的发展，一批水、火电厂新建、扩建，珠江、韶关、茂湛、梅县四块独立的地方电网逐步联结，形成全省统一电网。

“文化大革命”初期的广州街头标语

体制演变

广东电力管理机构沿革

1969年3月，广东省电业管理局改名为广东省电力工业公司。

1971年1月，广东省电力工业公司与省农林水工程总队、省农机服务站、省农林水战线水电组等合并，成立广东省水利电力局。

1978年5月，广东省水利与电力机构再次分设，成立广东省电力工业局。

广东省电业管理局办公楼旧址（1980年摄）

1977年参加全国电力会议的广东代表团回到广州后在白云机场合影

企业领导体制的演变

1968年，各单位成立由革命干部、群众代表、军管代表（部分单位）组成（俗称“三结合”）的革命委员会，取代厂（局）长、经理职责。

1978年，取消革命委员会，恢复厂（局）长、经理职责，继续实行党委领导下的厂长负责制。

1967年解放军支左驻军与广东省电力中心调度所载波班人员合影

1968年韶关发电厂“三结合”班子与已调到广州军区的原筹建处主任钟美科（二排左四）合影

1971年3月广州供电公司党委、生产组、行政组、机关工作人员在海珠广场合影

电源建设

扩建韶关、茂名发电厂

“文化大革命”期间，广东电力部门排除干扰，克服各种困难，积极组织施工，扩建了一批高温高压发电机组，主要有：韶关发电厂4、5、6号发电机组工程，增加装机容量11.2万千瓦；茂名热电厂2、3、4号发电机组工程，增加装机容量22.5万千瓦。

1974年韶关发电厂远眺图

1974年茂名热电厂4号发电机组静子起吊情景

兴建黄埔发电厂

为配合广州石油化工厂建设和适应经济发展对电力的需要，1975年12月，广东省政府动工兴建黄埔发电厂，第一期工程装机容量为2×12.5万千瓦。1978年7月25日，1号发电机组建成投产，此为全省第一台12.5万千瓦汽轮发电机组。2号机组于次年2月3日建成投产。

1977年正在进行主厂房屋架吊装的黄埔发电厂

充分利用水力资源开展水电建设

1966—1978年，广东水电开发先是实施“水火并举，以水为主”的方针，后又实行“谁建，谁有，谁管，谁受益”的优惠政策，进一步促进了大、中、小型水电站建设。1978年，全省水电装机容量占发电设备总容量的60%。

1968—1970年新建连县潭岭水电站，安装三台1.25万千瓦水轮发电机组（1981年摄）

1973—1974年新建长湖水电站，安装两台3.6万千瓦水轮发电机组（1981年摄）

1970—1974年新建南水水电站，安装三台2.5万千瓦水轮发电机组（1980年摄）

枫树坝水电站建成投产

1970年8月，广东省政府在东江干流、龙川县境内动工兴建枫树坝水电站，安装两台7.5万千瓦水轮发电机组。1973年9月10日下闸蓄水，1、2号机组分别于1973年12月26日和1974年11月29日投产。

1973—1974年新建枫树坝水电站，安装两台7.5万千瓦水轮发电机组（1975年摄）

因地制宜兴建一批小水电站

为加快小水电建设，1969年10月，广东省政府成立小水电会战领导小组，积极动员各区县因地制宜兴建一批小水电站。为充分利用水力资源，有的地区小水电建设由单站发展到河流梯级开发，以电养电，滚动发展。有些县在偏僻山村由单户或联户兴办微型水电站，就近发电利用。

1970—1974年新会先后组织民工22万人次开发古兜山水力资源。图为施工场景

新会古兜山水电开发女爆破手施工归来（1972年摄）

全国第一座地热电站建成发电

1970年12月12日，全国第一座地热电站——丰顺县邓屋地热试验电站1号64千瓦机组建成投产。此后，又分别于1978年、1984年建成投产2号200千瓦机组和3号300千瓦机组，总装机容量为564千瓦，这对于广东乃至国内研究使用地热发电，具有开创性的意义。

1970年建成投产的丰顺县邓屋地热试验电站（1990年摄）

历时15年建成投产的恩平锦江水电站

1973年7月1日，恩平锦江水电站建成投产，发电装机容量为3×6500千瓦。该电站始建于1958年12月，由于各种原因，其间两次停工两次复建，历时15年方才建成投产。

1965年锦江水电站停建时的坝体

1970年锦江水电站以球铁代钢铸造水轮机主轴的场景

1971年锦江水电站溢洪道工程施工情景

1972年锦江水电站工人在安装水轮机

电力建设工程质量下降

“文化大革命”期间，因社会动荡，一些电力工程项目强调“政治挂帅”，在设计、施工上存在不少问题，加上发供电设备制造及安装质量下降、煤炭质量低劣等因素，危害了电力生产。

1976年8月韶关发电厂建成沸腾炉试烧劣质煤失败。图为1974年正在建设中的试验炉

全省联网

珠江、韶关电网连成珠韶电网

1966年12月，220千伏韶关发电厂—南海红星变电站输变电工程建成投运，先以110千伏电压向珠江三角洲送电，1967年5月升压至220千伏运行，珠江、韶关电网连成珠韶电网。

1967年广州市郊白鹤洞的220千伏跨江铁塔

1967年建成投运的南海220千伏红星变电站（1987年摄）

全省形成统一电网

1974年12月，220千伏茂名—江门北街输电线路和北街变电站建成投运，珠韶、茂湛电网连成广东电网。

1975年6月，梅西发电厂—枫树坝水电站110千伏线路建成投运，梅县电网连入广东电网。

1972年110千伏佛山（石湾）变电站升压为220千伏变电站施工现场

1974年12月江门北街变电站由110千伏升压至220千伏

1974年12月220千伏茂江线建成投运

1974年建成投运的位于220千伏茂江线中部的阳江串联电容器补偿站（1981年摄）

广东电网供电范围扩至大部分市、县

随着广东电网向韶关、茂名、湛江、梅县等地扩展，供电范围由珠江三角洲逐步扩展至粤东西北地区，至1978年，供电范围已达60多个市、县。

1970年东莞110千伏峡口输变电工程施工现场

1975年珠海县供电公司工人在横琴岛维修输电线路

1972年6月建成投运的新会35千伏黄冲变电站

“靠山、分散、进洞”对电力建设造成严重浪费

“文化大革命”期间，出于备战考虑，广东电力建设要求广州、韶关发供电单位执行“靠山、分散、进洞”建设方针。这一决策，给广东电力建设带来一定影响，造成严重的浪费。

1974年建在山洞里的广州220千伏茶山变电站。图为安装在洞中的变电设备

广州220千伏茶山变电站遗址（1989年摄）

援助非洲及东南亚电力工程建设

20世纪60—70年代，广东省电力部门承担起对发展中国家的经济技术援助，主要有阿拉伯也门共和国萨那纺织厂自备电厂工程、刚果（布）布昂扎水电站和输变电工程、索马里费诺力水利水电工程。此外，还派职工参加柬埔寨、缅甸、马里等国电站的援建工作。

1964年2月举办的广东东兴水电站（后划归广西）向越南芒街供电庆祝大会现场

1969年9月，广东省电业管理局援助越南实习生电业培训队师生合影

1975年，刚果（布）总统及中国大使参加110千伏布昂扎变电站开工仪式

1977年广东省输变电工程公司技术人员在刚果（布）110千伏布昂扎变电站施工现场进行指导

1978年刚果（布）110千伏布昂扎变电站建成投产

攻坚克难

组织干部工人抓革命、促生产

“文化大革命”期间，面对激烈动荡的环境，广东电力组织职工抓革命、促生产，经受了锻炼和考验，坚守岗位，克服各种困难，尽心尽责地完成电力生产和建设的各项任务。

1966年中山石岐发电厂机组检修

1968年茂名热电厂干部职工开展技术攻关

1973年韶关发电厂工人在检修发电设备

1972年广东省电力线材厂工人在组织技术攻关

1975年佛山地区供电公司工人对110千伏芳佛I线进行更新改造

排除干扰，电力生产建设稳步发展

在“文化大革命”动荡时期，广东电力受到极大的冲击和破坏，广大干部职工排除各种干扰，克服各种困难，生产建设仍得到稳步发展。电厂装机容量、发电量年平均增长率分别超过13%和11%；电网不断扩大，技术经济指标明显改善。

1969年广州供电公司在国内首创用棉纱和铜丝混织布制成带电作业人员穿着的均压服

1969年广州发电厂庆贺超额完成生产任务

1970年中山县供电公司工人整理登杆作业工具

1970年东莞县供电公司在110千伏惠峡线施工的员工

1973年广东省输变电工程公司工人在野外作业后煮午饭

1975年惠东县35千伏升压110千伏工程线路施工人员合影

开展群众性技术革新活动

1966—1978年，广东电力系统有计划地组织开展群众性技术革新活动，在开展重点大修、改造项目的同时，推广应用新科技成果，或组织技术攻关，解决生产建设中的技术问题。

1971年广东省电力线材厂制造出国内第一台100千瓦地下热能汽轮机

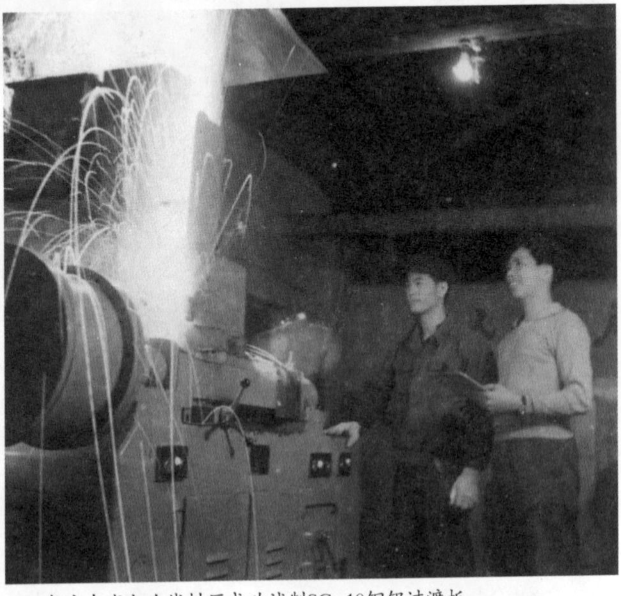

1974年广东省电力线材厂成功试制SG-10铜铝过渡板

1970年江门供电公司自制的0.56万千伏安变压器

1977年广东省电力第一工程局采用液压滑升模板施工法建成黄埔发电厂180米高烟囱。图为滑模正在提升的情景

调度水平和手段逐步提升

中华人民共和国成立后，广东电力系统逐步提升调度和通信装备，1958年开始使用载波通信，1972年开始使用微波通信，1973年开始使用计算机，1978年开始增加微波通信。

1970年广东省电力中心调度所仿制出广东第一台晶体管DJS-6型计算机

1978年广东省电力中心调度所西村地下调度室

1972年安装在220千伏茶山变电站的广州供电公司最早的微波通信设备

1973年湛江地区供电公司载波室

1978年韶关地区供电公司十里亭载波室

“三八”带电作业班的成立与撤销

1970年6月，广州供电公司成立了全国第一个“三八”带电作业班。随后，佛山、肇庆、梅县地区供电公司也分别成立“三八”带电作业班，带电作业从35千伏线路扩展到110千伏、220千伏线路。1979年后，各地“三八”带电作业班先后被撤销。

广州供电公司“三八”带电作业班两任班长：林玉明（左）、谭惠霞（右）

1974年广州供电公司“三八”带电作业班全体女工工作照

1976年佛山地区供电公司“三八”带电作业班女工进行带电演练

1977年肇庆地区供电公司“三八”带电作业班部分女工到广宁县牛岐水电站参观学习

持续开展“工业学大庆”活动

20世纪70年代，各发供电单位持续开展“工业学大庆”活动。1975年，以政治思想、安全生产、技术革新等项目为主要内容，开展创建“大庆式企业”活动。

1977年佛山地区供电公司输电工区开展“工业学大庆”技能表演赛

佛山地区供电公司1977年度“工业学大庆”个人标兵合影

广州市1978年工业学大庆会议代表合影，广州供电局巩敦夫（二排左二）、谭惠霞（前排右一）分别作为先进单位代表、先进个人代表出席

1979年广东省电力工业局输变电工程处召开工业学大庆经验交流暨职工代表大会

电力试验和勘测设计在逆境中前行

“文化大革命”期间，电力试验和设计机构被撤并，工作被打乱，部分干部被下放到乐昌县老虎头“五七”干校，家庭分离。但广大工程技术人员还是顶着沉重的压力，努力完成上级下达的各项任务。

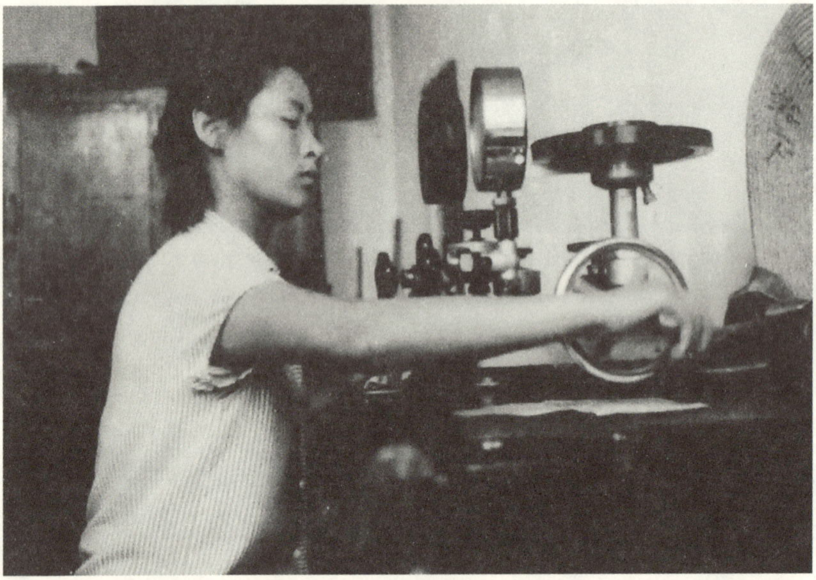

1967年广东省电力试验所购进的第一台压力表校验台

1970年广州庆祝国庆的油轮经过五仙门发电厂前面的珠江

迎接毛主席赠予的芒果

1968年，毛主席将一篮芒果送给清华大学工宣队，由工宣队转送给有代表性的工厂，以表达对全国工人阶级的关怀。各地迅速掀起了迎接芒果热潮，广州供电公司也收到了一枚芒果复制品。芒果复制品被陈列在该公司大楼的三楼，供全体职工参观。

1968年各大国营企业工人兴奋地迎接毛主席赠予的芒果

广州供电公司档案馆里陈列的芒果复制品

十年挫折

开展“文化大革命”，党群工作受到冲击

1968年8月25日，广东省电业管理局党委召开扩大会议，决定局机关工作以开展“文化大革命”为中心。随后在“文化大革命”的冲击下，各级党工团组织几乎陷于瘫痪，直到1972年省水利电力局成立，党的核心小组方才逐步恢复。

1968年中山县供电公司35千伏古鹤变电站的宣传栏

1971年锦江水电站施工人员在看黑板报

规章制度遭破坏，严重威胁安全生产

1967年1月，广东省电业管理局群众组织进行“夺权”，成立生产临时指挥小组领导生产工作。在批判修正主义路线的旗号下，他们把之前一套规章制度称为“条条框框”，是“管、卡、压”的东西，提出要统统打破，导致了无政府主义泛滥，安全生产秩序遭到严重破坏。

1972年肇庆地区供电公司仓库

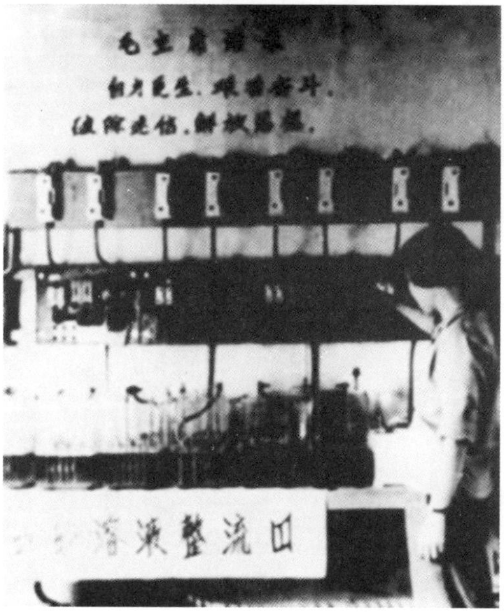

1973年中山县供电公司土法制作硼砂溶液整流器

再次超铭牌出力发电，水电站低水位运行

在极“左”思潮的影响下，广东电力系统提出“冲破铭牌出力的禁区”，1969—1973年再次超铭牌运行，水电站长期处于低水位运行状态。1970年十个发电厂提高出力共9.8万千瓦，平均超铭牌出力18.8%。其中，韶关、广州发电厂分别超出了35.5%和27.1%。

1974年江门110千伏北街变电站员工用环氧树脂粘补油断路器瓷裙以提高设备绝缘水平

1975年江门110千伏北街变电站采用水外冷强迫油循环方法以提高主变出力

“文化大革命”对电力生产的干扰与影响

1966—1976年持续十年的“文化大革命”中，广东电力系统自上而下普遍受到冲击，管理机构被精简，设计试验机构被撤并，许多干部和工程技术人员受到不应有的批斗或被下放到“五七”干校劳动。各发供电企业安全生产和规章制度遭到不同程度的破坏，管理工作松散，生产中再次搞超铭牌运行和发电厂建设简易投产，给电力生产带来严重不良后果。

1970年4—8月，茂名热电厂对2号炉实施将煤粉炉改造为烧页岩的半链条炉，该炉不久即废弃

光明使者

王炎（1920—2007）

王炎

江苏金坛人。1938年参加革命工作。1950—1954年，历任广州电业管理处经理和广州电业局办公室主任、副局长，1958年后，历任广东省电业局副局长、珠江电业局局长、广东电业管理局代局长、广东省电力工业公司革委会主任和党委书记、广东省水利电力局副局长和党的核心小组副组长，1972年任援助刚果（布）布昂扎水电工程技术组组长。1974年调离。

1999年王炎（右）与王焕（左）合影

谭惠霞

广东开平人。1971年参加工作，原广州供电局组织处副处长。1976—1979年任该局“三八”带电作业班班长，在减少因输电线路停电检修造成的损失、带电作业工具创新和推广带电作业技术等方面做出了成绩。1977年8月以电业工人身份出席中国共产党第十一次全国代表大会。1979年被评为全国电力工业先进生产（工作）者、学大庆先进生产者。

谭惠霞（1955—　）

广州供电公司“三八”带电作业班工作照

1980年广州珠江夜景

第三篇 改革奋进

（1978—2002）

东方风来满眼春。1978年开启的改革开放，冲破了种种束缚经济社会发展的藩篱，各项事业活力迸发，一日千里。广东电力企业充分利用国家给予的特殊政策和灵活措施，逐步走出一条多家办电、多渠道集资办电的新路子，大大加快了电力发展步伐。电源建设进入以超高压机组、亚临界压力机组为主的新阶段，电网电压升级到500千伏。到2002年，全省发电装机容量达到3588万千瓦，年发电量1610亿千瓦时，供电量1540亿千瓦时，电力从严重短缺到基本实现敞开供应，为20世纪画上了圆满的句号。

第一章

潮起珠江

改革开放后，中央决定在广东实行特殊政策、灵活措施，并批准在深圳、珠海和汕头设置经济特区，广州、湛江及珠江三角洲的7市21个县创办经济开发区，经济社会发展进入快车道，给电力发展带来千载难逢的机遇。至1990年，广东发电装机容量和年发电量，分别上升至全国各省（区、市）第四位和第六位。

1980年广东省电力工业局与香港中华电力公司互换广东核电站可行性报告

简政放权

实行经济承包责任制

1979年8月，广东省人民政府决定将省电力工业局定为扩大企业自主权试点之一，并对省财政实行利润包干、超收承包的责任制。省财政厅考核省电力工业局售电量、实现利润和上缴税金等经济指标。同时，省电力工业局对直属企业实行经济承包责任制。

1981年广东省电力勘测设计院工程技术人员与领导干部研究设计方案

1981年广东省电力勘测设计院勘测队在野外测量

开展第二次和第三次企业整顿

1977—1980年，广东电力系统开展“学大庆”和企业整顿，主要内容是整顿领导班子和企业管理工作。

1982—1985年，广东电力系统开展企业全面整顿工作，对直属33家企业进行综合治理。

1981年广东省火电安装公司工人在黄埔发电厂安装大型汽轮发电机组

1984年肇庆供电局开展企业整顿工作。图为验收现场

扩大企业自主权

1985年3月，广东省电力工业局制定扩大电力企业自主权的试行办法，从产品销售、物资选购、资产处置、资金使用、机构设置、干部管理、人事调动、工资奖惩、用工制度等十个方面扩大直属企业的自主权，调动企业和厂（局）长的积极性。

1987年广东省电力工业局大楼

1986年7月30日召开的广东省电力工作会议场景

全面实行局长负责制

1978年，广东省电力工业局取消革命委员会的领导体制，恢复厂（局）长的职责，继续实行党委领导下的厂长负责制。

1987—1988年，在直属企业全面推行厂长（局长、经理）负责制，党政不分、以党代政的现象有了改变。

1981年广东省电力工业局副局长颜鸣鹤（左五）到中山县供电局检查工作

1987年湛江供电局召开实行局长负责制大会

改革企业管理机构和领导体制

1983年5月，广东省电力工业局改名为广东省电力工业总公司。

1984年3月，恢复广东省电力工业局的机构名称，并与广东省电力工业总公司一套机构、两个牌子。

1988年1月1日，海南省建立，海南电力工业从广东省电力工业局划出。同年，随着广东省行政管理体制的改革和行政区域的变动，先后成立中山、东莞、阳江、清远、河源、汕尾供电局。

1979年11月3日宝安县供电公司升格为深圳供电公司。图为深圳供电局旧办公大楼（1988年摄）

1988年6月1日河源供电局举行成立挂牌仪式

电力建设由一家办电向多家办电转变

“七五”计划期间，广东电力建设通过实行全省电力发展目标承包，下放电力基建审批权限，实行“一家管网、多家办电、多渠道集资”政策、“高来高去”和“双轨制”的电价政策，以电养电，逐步由一家办电向多家办电转变。

1990年广东省电力工业局领导班子在研究电力发展规划

推进财务税制改革

1984年以前，广东电力企业按电力销售收入的15%缴纳工商统一税。1984年1—9月，电力销售税金分发电和供电两个环节缴纳，其中发电环节产品税按发电量计缴，每千千瓦时纳税6元，供电环节按售电收入的6%计缴。1984年10月起，实行第二步——实施利改税，发电环节产品税提高到每千千瓦时10元；供电环节税率提高到10%，同时缴纳55%的所得税；修造企业缴14%的增值税及5%的营业税。

1985年广东省省长梁灵光（前右一）陪同原省长刘田夫（前右二）视察韶关发电厂

1990年12月26日广东省省长叶选平（前左二）视察云浮发电厂

开始对电价进行重大改革

1981年，广东开始实行涉外用电的电价，并于1985年、1990年作适当调整。1982年，实行保本供电，即计划用电包干，超用部分加收燃料附加费。1983年，全面实行加收燃料附加费，后于1986年、1988年、1989年多次进行调整。

上图为广州供电局抄收人员上门收费，下图为电表班员工校验电度表（1981年摄）

火电提速

沙角发电厂建成投产

位于东莞市虎门珠江口的沙角发电A厂、B厂，于1987、1988年先后建成投产。其中，沙角发电A厂由广东省电力工业局投资兴建，第一期工程发电装机容量为3×20万千瓦；沙角发电B厂由深圳经济特区电力开发公司与香港合和电力有限公司合作兴建，发电装机容量为2×35万千瓦。

1981年沙角发电厂筹建处人员在现场研究情况

1986年正在建设中的沙角发电A厂

火电建设步伐加快、乘势而上

改革开放后，广东火电建设投资力度不断加大，并以建设超高压、亚临界、大机组的大型火电厂为主，至1990年，新增火电装机容量408.6万千瓦；最大单机容量从原来的12.5万千瓦逐步提高到35万千瓦，从而使广东电源结构和科技水平发生了重大变化。

1985年7月31日广东第一台20万千瓦汽轮发电机组——韶关发电厂8号机组建成投产

1989年12月5日广东第一台30万千瓦汽轮发电机组——黄埔发电厂5号机组建成投产

1987年4月22日广东第一台35万千瓦汽轮发电机组——沙角发电B厂1号机组建成投产

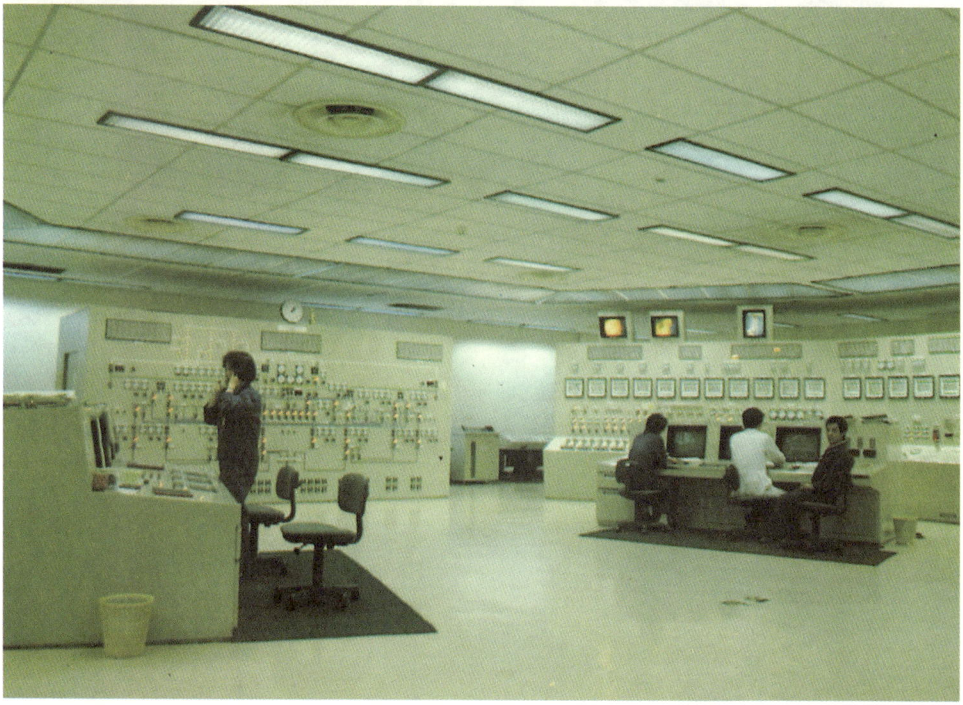

1987年沙角发电B厂集控室

各地市纷纷兴建柴油机、燃气轮机电厂

面对严重缺电的形势，珠三角地区部分县、市率先选择发展规模小、投资少、工期短和见效快的柴油机、燃气轮发电机组。至1990年，全省共有25个县、市建成37家柴油机、燃气轮机电厂。

始建于1985年的佛山市柴油机发电厂，至1993年总装机容量为32.9万千瓦（1993年摄）

1986年建成投产的4×4000千瓦湛江柴油发电机组

1988年建成投产的汕头华能燃机发电厂，装机容量为10.32万千瓦

1989年建成投产的新会柴油机发电厂，装机容量为7.47万千瓦

水电建设速度减缓

由于投资体制发生变化，20世纪80年代水电建设速度有所减缓，至1990年，广东共建成水电装机容量268万千瓦，占全省总装机容量的比重由1980年的61%，下降到32%。

1982年建成投产的汕尾南告水电站，装机容量3×1.5万千瓦。左图为主控室，右图为水轮发电机组

1988年建成投产的长潭水电站，装机容量4×1.5万千瓦

风电建设开始起步

1989年6月，汕头南澳县率先建成广东第一宗风电场——大王山风电场，第一期工程安装两台150千瓦和一台90千瓦瑞典进口的风力发电机组。随后，又在毗连的松岭山上进行第二、三期扩建。至1992年，上述三期工程总装机1680千瓦。

1989年建成投产的南澳风力发电场（1999年摄）

黄埔大跨越工程建成投运

1979年12月，黄埔发电厂—芳村变电站220千伏线路跨越珠江的架空双回路输电工程建成投运，其中两基190米高直线型拉线钢管塔是当时国内最高的拉线输电铁塔。

1978年广东省电力线材厂进行黄埔大跨越钢管塔试装现场

1979年广东省输变电工程公司采用倒装法安装黄埔至芳村线路190米过江铁塔

与港、澳、桂三地实现联网

1979年3月，香港粉岭变电站—深圳变电站的66千伏输变电工程建成投产，粤港电网实现联网。

1984年6月，珠海—澳门110千伏线路建成投产，粤澳电网实现联网。

1986年2月，广东肇庆珠山变电站—广西梧州平浪变电站220千伏输电线路建成投产，两广实现联网。翌年解列。

与香港联网的深圳110千伏水贝变电站（1985年摄）

珠海与澳门联网的110千伏输电线路（1991年摄）

1986年实现两广联网的肇庆220千伏珠山变电站（1991年摄）

汕头电网并入广东电网

1980年12月，220千伏枫树坝—梅县—汕头线、梅县变电站、汕头红莲池变电站相继建成投运，汕头电网并入广东电网。

1980年12月26日建成投运的220千伏梅县变电站。图为广东省输变电工程公司工人在安装设备

1980年12月29日建成投运的汕头220千伏红莲池变电站。图为该站主控室

建成广东第一条220千伏海底电缆

1987年5月，沙角发电厂—中山和沙角发电厂—顺德220千伏线路虎门海底电缆建成投运，全长16千米，为广东省第一条220千伏海底电缆。

全国第一条220千伏海底电缆沙角—中山、沙角—顺德线施工现场

220千伏变电站首次进入广州市区

1987年8月，位于广州天河体育中心附近的220千伏天河变电站建成投运，安装两台18万千伏安变压器，220千伏出线两回，110千伏出线三回，为广东第一座城区220千伏变电站。

广东第一座城区220千伏变电站——天河变电站（1997年摄）

建成广东第一宗500千伏输变电工程

为配合沙角发电B厂接入电网，1987年底建成投运500千伏沙角—江门输变电工程，主变容量75万千伏安，线路长97.6千米。

1987年建成投运的广东第一座500千伏变电站——江门变电站

1987年建成投运的500千伏沙江线珠江狮子洋大跨越，铁塔高240米，是当时世界上最高的自立式输电铁塔

生产经营

电力供应日趋紧张

1979年中央决定在广东实行特殊政策、灵活措施，并批准在深圳、珠海、汕头试办出口特区，推动了广东经济的快速发展，各类用电急剧增加，电力供需矛盾突出。1980年全省电力缺口达25%以上，1985年后缺电情况愈演愈烈，严重制约着广东经济发展和对外开放。

1985年广州西湖路的灯光夜市

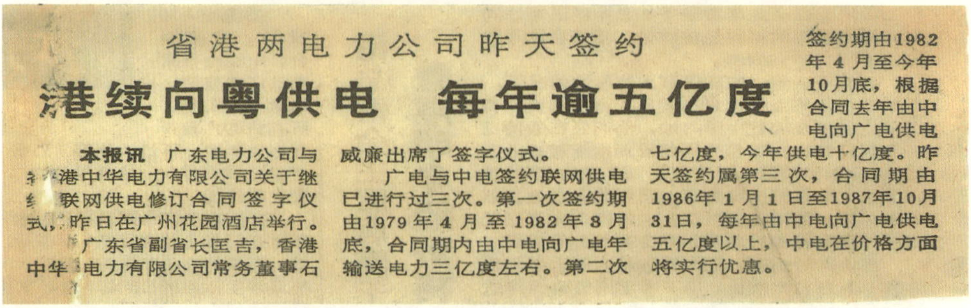

省港两电力公司昨天签约

港续向粤供电　每年逾五亿度

本报讯　广东电力公司与香港中华电力有限公司关于继续联网供电修订合同签字仪式，昨日在广州花园酒店举行。

广东省副省长匡吉，香港中华电力有限公司常务董事石威廉出席了签字仪式。

广电与中电签约联网供电已进行过三次。第一次签约期由1979年4月至1982年8月底，合同期内由中电向广电年输送电力三亿度左右。第二次签约期由1982年4月至今年10月底，根据合同去年由中电向广电供电七亿度，今年供电十亿度。昨天签约属第三次，合同期由1986年1月1日至1987年10月31日，每年由中电向广电供电五亿度以上，中电在价格方面将实行优惠。

为缓和电力供需矛盾，广东持续多年向香港购电。图为1986年《南方日报》刊登的省港供电合同签约消息

发电生产经济指标明显进步

1980—1990年，全省发电装机容量增加了2.73倍，发电量增加了3.04倍；安全生产形势逐步好转，省属电力生产企业人身死亡、重伤事故率，年平均在1‰以下；发供电标准煤耗率、厂用电率、发电设备年利用小时等经济指标均有较大的改善。

1979年5月的韶关电力调度室

1982年广东省电力试验研究所员工正在进行电气试验

择优引进国外技术和设备

改革开放后，广东电力企业积极引进国外的数字微机控制系统、燃烧管理系统、先进的变压器、全封闭组合电器等设备，兴建了一批20万千瓦和30万千瓦火电机组、110—500千伏输变电工程。

1985年建成投运的全国第一座室内全封闭变电站——广州110千伏区庄变电站

1987年沙角发电A厂引进美国西屋公司30万千瓦机组微机分布控制系统

1987年建成投运的500千伏江门变电站全套引进瑞士、日本、意大利等国先进变电设备

1988年建成投运的广东第一座无人值班变电站——佛山110千伏城东变电站（2013年摄）

修造、施工装备与技术更新换代

广东电力修造和施工单位积极引进国外低损耗电力变压器制造技术、分时电度表制造技术、铁塔数控自动加工生产线，以及进口一批起重、挖掘、运输等施工机械，提高企业的装备和技术水平。

1987年500千伏沙江线使用直升机进行立塔

1982年广东省输变电工程公司使用150吨平板车运输珠海220千伏前山变电站主变压器

1987年沙角A电厂正在珠江口施工的60吨吊装船

加强对外交流与合作

随着对外交往日益增多，广东省电力工业局在利用外资、引进先进技术设备、经营合作、出国考察培训、技术交流等方面取得了很大成绩，有力促进了广东电力工业的发展和科技水平的提高。

1989年广州抽水蓄能电站联合公司与法国电力公司互换签字合同

1990年广东省电力工业局局长陈岗（前排右一）与法国电力公司副总经理米歇尔·阿尔贝（前排左一）互签法电（EDF）与广电（GGDC）双边技术合作协议

推广应用电子计算机技术

20世纪80年代，广东省电力工业局积极引进国外比较先进的小型机和计算机管理系统。计算机技术逐步应用到电力系统调度、工程设计与管理、发供电生产过程检测与控制、修造产品过程控制、用电营业及办公室管理系统等方面。

1981年广东省电力中心调度所应用的电子计算机

1982年流溪河水电站应用的电子计算机

1989年广东省电力线材厂引进的意大利数控生产线

1987年广东省电力勘测设计院应用计算机绘图

推进农村电气化建设

自1983年起，水利电力部确定在全国100个有小水电资源的农村进行农村电气化建设试点工作，其中广东有10个。广东省由水电部门组织，认真实施推进农村电气化，经努力，龙门、仁化两县于1986年率先通过验收，其余曲江、蕉岭、新丰、阳山、大埔、平远、乳源、封开八个县于1987—1989年先后达标。

1987年10月广东省电机工程学会在仁化召开农村电气化学术讨论会

1980年建成投产的乳源泉水水电站，总装机容量4×6000千瓦

1988年建成投运的封开110千伏江口变电站

广东电网发生“9·20”大面积停电事故

1990年9月20日，220千伏芳村—顺德线受雷击，继电保护拒动和误动，造成八个水、火电厂与系统解列；肇庆、清远、韶关三市全停电，广州、佛山部分地区停电，经过182分钟才恢复正常送电。

1990年广东省电力工业局调度大楼夜景

1990年的广州发电厂全貌

拨乱反正

冲破禁锢观念，确立实事求是的思想路线

1979年，广东省电力系统组织干部职工学习中共十一届三中全会文件、《关于建国以来党的若干历史问题的决议》和《实践是检验真理的唯一标准》等论述，以加深广大干部职工对党的“一个中心、两个基本点”基本路线的认识。

1980年广东省电力工业局举办第二期干部轮训班

1981年广东省电力工业局在新会召开先代会。图为会议小组讨论交流

对历次运动案件进行复查

从1979年起，根据中共中央和广东省委的文件精神，广东电力系统对错划的右派分子和历次运动案件进行复查，对错划的右派分子予以平反，恢复原职务和待遇。全部工作于1986年结束。

1981年中共梅县地区电力局第一次代表大会全体代表合影

1984年中共揭西县发电公司第一届党代会全体代表合影

开展“五讲四美三热爱”活动

20世纪80年代初，广东省电力系统各单位普遍开展“五讲”（讲文明、讲礼貌、讲秩序、讲理想、讲道德）、“四美”（心灵美、语言美、行为美、环境美）、“三热爱”（热爱祖国、热爱社会主义、热爱中国共产党）活动，以提高职工的思想道德观念，调动工作积极性。

1980年佛山城区供电公司组织机关干部到基建工地与工人一起立杆放线

20世纪80年代初肇庆地区供电公司工人野外作业及午餐情景

积极维护职工队伍稳定

1989年，广东省电力工业局直属各单位开展一系列宣传思想工作，教育广大干部职工在政治上、思想上、行动上与中央保持一致，坚守工作岗位，保证正常发供电。

1989年9月广东省电力中心调度所开展“三热爱、迎国庆”歌咏比赛

1989年12月广东火电公司举行革命歌曲演唱会

陆续成立各种学术团体

广州电机工程师分会是广东电力系统最早的学术团体，成立于1947年，后改为中国电机工程学会广东分会。1984—1986年，广东省电力系统先后成立了企业管理协会、水力发电工程学会、电力企业教育协会、职工思想政治工作研究会等各种学术团体，并围绕电力生产、建设和管理，组织各类专业人员进行学术交流和研究。

1985年3月广东省电机工程学会第二届理事扩大会议代表合影

1986年9月广东省电力系统职工思想政治工作研究会成立大会在广州召开

建立健全职工代表大会制度

20世纪70年代后期，广东电力系统各基层单位先后建立职代会制度。1981年，制定并执行《职工代表大会暂行条例实施细则》。1984年，组织开展民主管理检查评比工作。至1990年，广东省电力工业局直属43个单位建立职代会，职工民主管理的权力机构基本形成。

1988年8月云浮供电局召开第二届职工代表大会

1989年3月清远供电局召开第一届职工会员代表大会第一次会议

开展电力系统局、厂际劳动竞赛

自1981年起，广东省电力工业局在发电厂之间开展以比安全、比经济、比设备健康状况和比技术管理为主要内容的厂际劳动竞赛。1983年，参赛对象扩展到供电、施工、修造、设计、科研、调度等单位。1986年后，逐渐转向开展立功创先劳动竞赛。

1981年广州供电局研制的以“红卫”牌拖拉机为底盘的多用工程机械

1982年7月广州供电局成功研制首台600千伏直流发生器后员工合影

不断改善职工工作与生活条件

随着企业的发展，广东电力系统各单位职工的劳动保护、生产工作条件、住房、医疗保健、子女入托入学及就业等各项生活福利得到落实。同时，各单位修建一批文娱、体育活动场所，丰富职工的业余生活。

1980年黄埔发电厂职工食堂

1982年广东省火电安装公司职工住宅

榜样图谱

庞光庭（1922—2006）

庞光庭

山东平邑人。1941年参加革命工作。1953年任广州电业局党委组织部部长，1954年任五仙门发电厂、西村发电厂厂长，1960年任广州电业局、珠江电业局副局长，1966年任韶关发电厂党委书记、厂长，1970年后先后任广东省电力工业公司生产组组长、广东省水利电力局电力处处长、广东省电力工业局生产技术处处长，1979—1983年任广东省电力工业局副局长、党组成员。1986年离休。

师兆祥

陕西韩城人。1937年参加革命工作。1965年7月任广东电管局副局长，1969年3月任广东省电力工业局革委会副主任，1970年12月任广东省水利电力局副主任、党组成员，1978年5月至1983年5月任广东省电力工业局局长、党组书记。1988年6月离休。

师兆祥（1918—1996）

1979年师兆祥（左）为粤港联网按下启动按钮

陈岗

山西太原人，1945年8月参加革命工作。1969年后，历任韶关发电厂党委书记、革委会主任、厂长，1974年2月任广东省水利电力局革委会副主任、党组成员，1978年5月任广东省电力工业局副局长、党组副书记，1983年5月任广东省电力工业局局长、党组书记，1992年任广东省电力集团公司董事长，1993年离休。高级政工师，广东省电力企协第一、二届会长。

陈岗（1930—2005）

1971年陈岗在做工作动员讲话

陈谦昌

广东南海人，原广东省电力中心调度所副科长。1980年，利用电力载波复用上音频通道，实现600波特传输，使容量扩大2—4倍，这项革新为国内首创。1983年，自制部件、自编程序组成调度端微机主机系统，实现与进口微机远动的通信。1986—1987年，先后研制出循环式微机远动主机、电站端微机远动装置，在电网调度中发挥作用。1989年9月，被国务院授予全国劳动模范称号。

陈谦昌（1945—　）

1989年5月陈谦昌在办公室

第二章 风正帆悬

进入20世纪90年代，随着社会主义市场经济体制改革目标的确立，国民经济快速发展。广东按照水、煤、油、气、核、风多种能源并举的方针，新建一批百万千瓦机组，并建设规模宏大的输变电工程和改造城乡电网，使电力工业得到长足发展，电力供应从极度紧张转为阶段性缓和。

1999年广东省电力工业局远眺图

体制转换

形成多家办电的格局

1990年11月，水利电力部华南电网办公室改名为南方电力联营公司，负责南方跨省电网的调度和天生桥水电站的建设营运，以及“西电东送”的输变电建设。

1992年12月，广东省电力工业总公司改名为广东省电力集团公司，同时保留省电力工业局的牌子，继续履行省政府授权的电力行政管理职能。

“八五”计划期间，广东大部分市先后成立能源（电力）开发（发展）公司，以股份制形式，兴建和营运不同类别、不同规模的发电项目。

1991年广东省电力工业总公司与香港合和实业有限公司签订沙角发电C厂合作协议

1993年6月12日珠海发电厂中外合作股东在广州签订合作兴建和经营协议书

改革电力基建管理体制

从1992年5月起，逐步推行项目法人制、招标投标和工程监理制，全方位放开电力设计、施工、安装和监理市场。“八五”计划期间，广东省政府对省电力工业局继续实行第二轮电力发展目标承包。

1992年广东省火电工程公司与ABB公司合资合同签订仪式

1994年广东省电力工业局副局长赵甘泉（中）到由黄埔发电厂承包的中山发电厂调研

改革发供电企业管理制度

“八五”计划期间，广东省电力工业局直属发电厂、供电局主要进行精简机构、减人增效、调整奖励机制等方面的改革。“九五”计划期间，部分火电厂按《公司法》要求实施股份制改造，供电局则按《电力法》要求，树立电力营销观念，积极开拓电力市场。

1996年揭阳电力工业局向社会广泛宣传《电力法》

1997年韶关电力工业局开展讲文明树新风活动

改革电价和财务税制

1991年起，广东省政府对全省电价进行清理和改革，实行燃料附加费并价，从1994年1月起实行。并价后的电价总水平为每千瓦时0.37元。

1994年，国家实行新税制。经多方努力，国家财税部门确认，广东“以电养电”政策、电力基建包干政策延续到1995年底，并同意增值税先缴后退，从而减少对电力建设资金筹集带来的影响。

1993年6月东莞凤岗镇农民在看电价收费公开情况

1994年6月广东省电价工作会议在东莞市召开

粤电力股票挂牌上市

广东电力发展公司发行的A股和B股分别于1993年11月26日、1995年6月28日在深圳证券交易所挂牌上市，其中A股上市代码为000539，简称“粤电力”，为广东省内同时拥有A、B股的最大的电力上市公司。

1993年11月26日广东电力发展公司举行股票上市新闻发布会

全面开展农村电网“两改一同价”工作

自1998年开始，全省开展改革农电管理体制、改造农村电网、实行城乡用电同网同价的“两改一同价”工作。至2001年，广东省电力集团公司接收代管36个趸售县，实行县（市）镇（乡）一体化管理，取消管理区（村）管电机构，农网改造完成投资46.9亿元，农村电价降至每千瓦时0.85元以下。

1999年河源农村电网改造现场

2000年潮州农村电网改造现场

2000年清远农村电网改造现场

全面落实“西电东送”战略决策

为加快西部开发和解决广东电力不足问题，国家决定实施“西电东送”宏伟工程。国家电力公司和南方各省（区）积极行动，1998年建成第二回500千伏天生桥水电站—佛山罗洞输变电工程。2000年8月，广东分别与贵州、云南签订“黔电送粤”“云电送粤”协议书。

1994年广东省省长朱森林（前排右三）视察天生桥一级水电站工地

2000年贵州省向广东省输送季节性电能协议签字仪式

实行电力管理体制“政企分开”改革

2000年4月30日，广东省人民政府在全国率先进行电力管理体制“政企分开”改革，不再实行“两块牌子、一套机构”的管理模式，保留广东省电力集团公司，将广东省电力工业局撤销，原电力行政职能划归省经济贸易委员会。

2000年4月29日举行广东省电力工业局摘牌仪式

实施电力管理体制“厂网分开”改革

2001年6月3日，广东省在全国率先实施电力管理体制“厂网分开”改革，将原广东省电力集团公司进行分拆，成立广东省广电集团有限公司，负责全省电网运营管理、电力销售和服务等；成立广东省粤电资产经营有限公司，负责组织全省电力生产，参与发电市场竞争等。

2001年8月8日，广东省广电集团公司和粤电资产经营公司举行揭牌仪式

多家办电

电力投资大幅度增加

1991—2000年，广东电力系统继续实行“多家办电、多渠道集资”的政策，电力全行业爆发性增长，其中广东省电力工业局归口的投资为807亿元，是1981—1990年投资的8.7倍。

1991年4月建成投产的云浮发电厂

1991年3月建成投产的梅县发电厂

发电装机容量跃居全国第一

“八五”计划期间，广东新（扩）建汽轮发电机电厂20座、燃气轮机电厂13座、柴油发电机电厂86座、企业自备电厂44座、6000千瓦及以上水电站24座。1993年末，全省发电总装机容量达到1476万千瓦，首次跃居全国各省（区、市）的第一位。1995年末总装机容量上升到2272万千瓦。

1993年4月21日，珠江发电厂1号30万千瓦机组建成发电。图为该厂员工在做投产前的调试

1995年华能汕头发电厂安装1号发电机组汽轮机转子

大亚湾核电站建成投产

1994年2月和5月，广东第一座核电站——大亚湾核电站两台90万千瓦机组先后建成并网发电，迈出了广东核电建设的第一步。

1990年1月9日大亚湾核电站施工现场

1993年大亚湾核电站核反应堆正在装核燃料

1994年2月1日大亚湾核电站1号机组建成投产

1995年大亚湾核电站主控室

发电建设重点转向发展大型燃煤电厂

20世纪90年代，广东大力发展大电厂、大机组和高参数发电设备，累计建成投产发电装机容量677.6万千瓦，占总装机容量的84%。其中增幅最大的是燃料供应可靠、发电成本较低的大型燃煤电厂。

1993年妈湾发电厂锅炉钢架在焊接

1993年湛江发电厂锅炉设备在吊装

1994年建设中的沙角发电C厂

严格控制和逐步淘汰小火电和柴油发电机组

为优化电源结构、降低能耗和发电成本、改善电网运行，广东自1998年开始，严格控制小火电、柴油发电机组的发展，并退役和关停6000千瓦及以上电厂32家，装机容量共计81.8万千瓦。

2002年6月韶关发电A厂进行爆破拆除

建成广州抽水蓄能电站

为保证大亚湾核电站的安全经济运行和广东电网调峰的需要，广东省电力工业局于1993年建成投产了广州抽水蓄能电站，一期工程安装4×30万千瓦机组。

1992年正在建设的广州抽水蓄能电站。上图为发电机转子吊装，左图为蜗壳吊装，右图为水轮机轴吊装

强固主网

输变电工程建设规模空前

由于大批电源相继建成投产和用电量的迅速增长，全省输变电工程建设力度前所未有，1991—2000年共建新（扩）110千伏及以上公用变电站528座，主变容量7075.8万千伏安，输电线路13439千米。

1996年位移500千伏沙增线中堂东江跨江塔

1999年广州500千伏北郊变电站吊装断路器

2000年500千伏韶北线张力引线

珠三角地区500千伏网架形成

1991—2000年，新（扩）建500千伏公用变电站五座、主变容量525万千伏安、输电线路987千米，广东珠江三角洲500千伏网架基本形成。

1990年广东省输变电工程公司在500千伏核深线进行附件安装施工

1991年建设中的沙角—深圳500千伏输电线路放线施工现场

1992年5月建成投运的500千伏深圳变电站

1999年500千伏东莞变电站主变压器运输进站

500千伏西电东送输变电工程建设起步

1993—1994年，连接两广电网的500千伏天广Ⅰ回、Ⅱ回输变电工程先后建成投运。同时，在广东境内配套建设了500千伏罗洞、罗江输变电工程，迈出了“西电东送”第一步。

1992年正在施工中的500千伏天广Ⅰ回线路肇庆段

220千伏输电网络覆盖全省各地市

1991—2000年，广东新（扩）建220千伏公用变电站92座，主变容量2416万千伏安，输电线路4078千米。自1996年起，220千伏电网已覆盖全省各地市。其中，珠三角地区县级供电单位实现了220千伏输送电。

1992年8月建成投运的220千伏曲江马坝变电站

1995年220千伏罗定变电站开关安装调试

1998年6月220千伏阳春（春城）变电站开工典礼

全省县级电网实现110千伏供电

1991—2000年，广东新建110千伏公用变电站423座，主变容量3310万千伏安，输电线路7670千米。自1995年起，全省102个县级供电单位全部实现了110千伏供电。

1997年110千伏连南变电站的运行人员

南澳岛是广东最后一个实现110千伏供电的县。图为1995年南澳岛110千伏海底电缆施工现场

经营管理

电力供应先紧后缓

“八五”计划前几年，广东经济超常发展，1993年全省用电量同比增长高达23.7%，供需矛盾极为突出。后经国家对经济宏观调控，用电量增速逐年回落。1996—1999年，广东经济快速稳定增长，全省电力基本实现敞开供应。2000年再度趋紧。

1991年佛山市迎春花市的夜景

1995年深圳市福田区的夜景

资产经营效益稳步提升

通过“八五”和“九五”计划的实施，广东省电力工业局的经营收入、利润总额和固定资产原值逐年提升，分别由1990年的30亿元、3.9亿元和82.6亿元提高到2000年的610.2亿元、70.3亿元和591.5亿元，确保了国有电力资产的保值增值。

1993年广州供电局开始推行银行代扣电费业务

1999年6月江门电力工业局资金管理中心

开展企业各项生产管理活动

1990—1998年，广东省电力工业局根据上级的部署和企业自身发展的需要，先后开展了企业上等级、“人事、劳动、工资”三项制度改革、安全文明生产达标、创一流发供电企业等各项生产管理活动，使企业管理逐步走向合理化、规范化，提高了企业的综合素质，促进了生产发展。

1991年广东省电力试验研究所被评为省级先进企业

1996年妈湾发电厂安全文明生产达标验收现场

1998年中山电力工业局召开创一流供电企业动员大会

广东电网发生“5·25”大面积停电事故

1994年5月25日，220千伏惠板线B相对地放电，引起粤东电网与主网间发生振荡，造成汕头、揭阳、潮州、惠州、河源和汕尾六市大面积停电。同日，大亚湾核电站1号机在运行中进行试验时突然跳闸，给南方互联电网造成大的功率缺额，使广西、贵州和广东电网解列，省港低周减载动作，香港、澳门部分地方停电。

1995年220千伏揭阳变电站二期工程主变吊装

1997年正在施工的220千伏汕头海湾大跨越166米高铁塔

推进电力科技进步与管理自动化

1991—2000年，广东省大多数发供电单位采用了微机监测系统，从有人值班的“两遥”逐步改造成无人值班的“四遥”功能；各地区电网普遍实现了电网调度自动化、通信自动化，并在继电保护、用电营销、财务管理、行政办公等方面积极推广使用微机。

韶关首座110千伏“四遥”无人值班站——珠辛变电站

1995年深圳供电局从DEC公司引进的VAX6300系列计算机

全省实现村村通电

20世纪90年代，广东省各级政府和电力部门把解决无电镇（乡）、行政村（管理区）的通电问题作为农电工作的重要任务来抓，取得了显著成效。1993年实现镇（乡）全部通电，1997年实现行政村（管理区）全部通电。

1997年12月12日召开广东省实现村村通电总结表彰电视电话会议

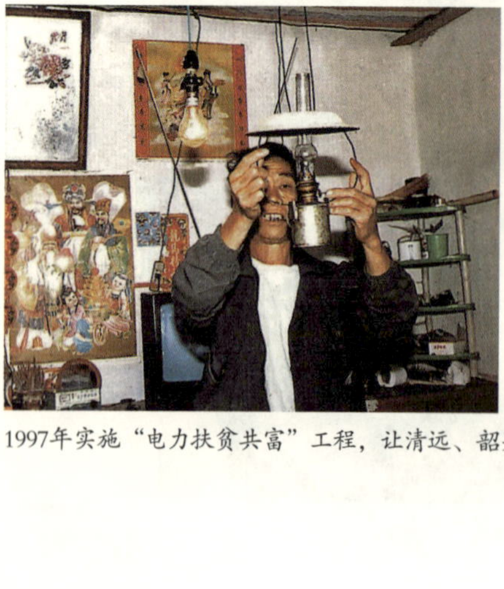

1997年实施“电力扶贫共富”工程，让清远、韶关的山区群众用上电

全力做好迎香港、澳门回归保安全发供电工作

1997年香港回归和1999年澳门回归期间，广东省电力工业局全力做好保安全发供电工作，先后多次举办演习，并积极与香港、澳门电力公司联系沟通，就电网运行方式的安排及相互配合和支持取得共识，确保了迎香港、澳门回归保安全发供电任务顺利完成。

1997年6月广东省电力中心调度所举行香港回归保供电演习

1999年12月广东省电力中心调度所举行澳门回归保供电演习

不断深化对外经济技术交流与合作

20世纪90年代，广东省电力工业局进一步加强与港澳地区以及日本、欧美的经济技术交流与合作，积极利用外资，引进先进技术设备，加强经营合作，有力地推动广东电力工业的改革发展以及科技水平的提高。

1993年广东省电力工业局局长吴希荣（前排左五）带队到日本三菱电机株式会社考察

1992年500千伏增城变电站运行人员与外国专家讨论技术问题

社内 NEWS 4　中国・広東電力線路器材廠研修生来日

鉄塔技術の習得及び技術レベルの向上と新技術の開発のため、中華人民共和国広東電力路線器材廠より前回に引き続き10名の研修生を受け入れました。10人のお名前は梁穗雄（団長）、羅錡山（前回のメンバー）、叶焰棠（前回のメンバー）、福湛洗、何偉清、洪毬宏、李根燎、何鋭鋲、林枝権、陳岳浩の各氏です。前回のメンバーも2人おり、皆さん大変リラックスしており元気一杯です。

新聞を見ても中国の記事が載っていない日がないぐらい今後が期待される国であり、ますます身近な国になっていくでしょう。そんな中で彼らに対する期待は大きく、帰国されても我社と中国を結ぶ大きな架け橋を築いてくれるものと思います。

これからの半年の間、何よりも安全第一に技術を習得して頂き、そして楽しい日本での生活を送っていただけることを願っております。

1992年10月广东省电力线材厂组织员工赴日本学习镀锌技术

1993年中外专家一起研究大亚湾核电站施工图纸

1997年广东省电力试验研究所与俄罗斯圣彼得堡技术大学签订合作意向书

积极推进多种经营

1991—2000年，广东电力系统继续按照能源部提出的“电为核心、多种产业、三大支柱、协调发展”的方针，积极开发多经企业的产品和市场，并在实践中不断调整产业结构，多种经营得到迅速发展，总收入由1991年的5.3亿元增加到2000年的56.7亿元，年均增长8.35%。

黄埔发电厂实业总公司创办的制衣厂（1995年摄）

广东省电力第一工程局创办的箱包厂（1995年摄）

韶关供电局兴建的装机5000千瓦的深洞小水电站（1995年摄）

广州供电局创办的科立通用电气公司（1995年摄）

湛江电力工业局创办的电杆厂（1995年摄）

1998年的揭阳电力传呼台

文明建设

组织学习邓小平理论

20世纪90年代，广东省电力系统各单位把学习党的十四大和十五大报告与学习邓小平理论紧密结合起来，推动新一轮思想解放，并落实到加快企业经营转换、内部机构改革，搞好电力生产建设，提高经济效益等工作中。

1992年中山供电局以党员电教为平台，学习贯彻邓小平南方谈话精神

1993年广东省电力中心调度所组织学习《邓小平文选》第三卷

创建优秀政工企业和“双文明”单位

从1992年起，广东电力系统普遍开展创建优秀政工企业和“双文明”单位活动，对党建思想政治工作和精神文明建设进行量化考核。至2001年，有3个单位被中央文明委评为精神文明先进单位，有20个单位被国家电力公司评为“双文明”单位，有16个单位被广东省人民政府评为“双文明”单位。

1993年广东省电力工业局对电力中心调度所创建优秀政工企业进行考核验收

梅州电力工业局荣获1995年度首届全国电力系统“双文明”单位称号

1998年惠州电力工业局荣获全国职工职业道德十佳单位称号

建设“职工之家”和争创“先进工会组织”

自1991年起，广东电力系统各单位全面开展建设“职工之家”活动。是年，有40个基层单位通过各地市（县）工会验收，被命名为“合格职工之家”。1992年起，组织开展争创“先进工会组织”活动，至1995年，南水水电厂、梅县发电厂和佛山、韶关供电厂等14个基层工会被评为“先进工会组织”。

1998年广东省电力中心调度所成立第一届女工委员会

2000年汕尾电力工业局集体合同签订仪式

丰富职工文体生活

20世纪90年代，广东省电力系统各单位逐步建立较完善的多功能的职工文体活动中心，增加体育活动场所和设施，成立书画、摄影、歌咏、音乐等文化艺术业余爱好者协会和足球、篮球、羽毛球、乒乓球、武术、醒狮等体育团队，并积极开展健康有益、内容丰富多彩、形式生动活泼的文体活动，以满足职工日益增长的精神文化生活需求。

1999年10月佛山电力工业局举办庆祝国庆50周年晚会

1999年10月沙角发电总厂举办第一届职工运动会

企业精英

罗绍基

广东南海人，1955年从清华大学水利系毕业后参加工作，1958年8月加入中国共产党，历任中南（水电）勘测设计院水能专业组长、工程师、专业副总工程师、副院长、院长。1985年任华南电网办公室主任。1988年3月任广东省电力工业局副局长、党组成员、副书记，兼任广州抽水蓄能电站联营公司总经理等职。高级工程师，广东省水力发电工程学会第二届理事长，中国科学院院士。1994年5月退休。

罗绍基（1933— ）

1975年罗绍基（左一）在湖南凤滩水电站工作照

吴希荣

河南南阳人，1968年9月从广东工学院电力系毕业后参加工作，1977年6月加入中国共产党。历任韶关发电厂技术员、车间党支部副书记、车间副主任、副厂长、党委书记。1986年6月任沙角发电厂厂长。1989年任广东省电力工业局总工程师、副局长。1992年4月至2001年8月，历任广东省电力工业局局长，省电力集团公司总经理、副董事长、董事长。2002年7月任广东电力行业协会名誉会长，广东省人大常务委员会委员。2006年退休。

吴希荣（1941—　）

1999年4月吴希荣（左一）到肇庆检查农电工作

陈清秀

福建莆田人，原广东省电力工业局第一工程局副总工程师兼第二工程处副主任。1954年参加工作后，一直从事爆破工作，在新丰江水电站、黄埔发电厂、台山发电厂等数个水电工程建设中成功组织特大爆破工程。先后被评为广东省劳动模范，被国家水电部授予银质奖章。1995年退休。

陈清秀（1935— ）

1981年陈清秀在韶关电厂8号机组施工时登上烟囱指挥

梁洪

广东高要人。原广州南方电力公司电缆建设公司副经理、电缆技师。1972年参加工作，长期从事电缆工作，组织或直接参加完成85项高压电缆工程，累计敷设电缆近840千米，制作电缆头超过400个，并在迎香港回归、澳门回归保供电等大型电缆工程中做出突出贡献。2000年被国务院授予全国劳动模范称号，被电力部授予全国电力行业技术能手称号。

梁洪（1954—　）

2000年5月梁洪（右）被国务院授予全国劳动模范称号

2008年深圳市夜景

第四篇　世纪跨越

（2002—2018）

流光溢彩向未来。进入21世纪，广东电力企业进一步深化，统筹抓好电源和电网发展，管理理念发生深刻变化，电源建设进入高速发展期，核电、风电、光电等新能源迅速崛起，电网架构更加坚强，发电量、供电量稳步递增，综合实力大幅提升。到2018年，全省发电装机容量达到11,800万千瓦，年发电量4369.6亿千瓦时，全社会用电量6323亿千瓦时，电力发展实现了一次次快速飞跃，走在全国的最前列。

第一章

新的起点

2002年，由于国务院《电力体制改革方案》的实施，各发电集团争相开发广东发电市场。至2012年，数十间火电厂、核电站、风电场拔地而起。广东电网公司积极实施“西电东送”战略，统筹抓好电网建设和经营工作，企业焕发了新的活力。

2006年12月的佛山供电局调度室

革故鼎新

广电集团公司划归中国南方电网公司管理

2002年12月29日，广东省广电集团有限公司划归中国南方电网有限责任公司管理；2005年3月31日，完成工商变更登记，更名为广东电网公司，正式成为中国南方电网有限责任公司的全资子公司。

2002年12月29日中国电力新组建（改组）成立大会在北京人民大会堂召开，中国南方电网公司正式挂牌成立

2005年4月18日广东电网公司举行挂牌仪式

粤电集团实现产权结构多元化

2003年5月28日，经广东省政府批准，广东省粤电资产经营公司正式更名为广东省粤电集团有限公司，将集团管控模式由行政管理型转为公司治理型。2006年12月28日，粤电集团的24%股权以100.32亿元转让给华能，成为广东省第一家在集团层面实现产权结构多元化的国有企业。

2005年12月粤电力股改顺利完成

2006年12月28日广东省国资委与华能集团举行粤电集团股权转让签约仪式

50个代管县级供电企业改由广东电网公司直管

2004年8月26日，广东省人民政府正式启动县级供电企业管理体制改革。经过六年的努力，至2009年12月31日，50个代管县级供电企业全部改由广东电网公司直管。2010年4月，这项涉及4.58万人、168亿元资产的农电管理体制改革工作圆满完成。

2007年8月广东电网公司接管韶关县级供电企业签字仪式现场

广东电网五家设计、建设、修造企业划归中国能建公司

2011年12月7日，根据国务院国资委和发改委的电力主辅分离改革部署，广东电网公司与中国能源建设公司在广州签署《广东电网公司所属分离企业国有产权无偿划转协议》，广东省电力设计院、广东火电工程总公司、广东省电力第一工程局、广东电力设备厂、广东省电力线路器材厂等五家企业，正式脱离中国南方电网公司进入中国能源建设公司。

2011年成立的中国能源建设公司

广东省电力第一工程局（2010年摄）

广东电力设备厂办公楼（2010年摄）

广东省电力线路器材厂（2012年摄）

广州、深圳供电局改由中国南方电网公司直管

2011年11月，中国南方电网公司决定将广州供电局、深圳供电局从广东电网公司分立，改为直属分公司。同年12月，广东电网公司对此所涉及的生产、建设、经营和管理问题进行深入研究分析和修改，并提出建议。2012年1月1日，广、深两局正式分立，成为南方电网公司直接管理的子公司。

2012年2月22日中国南方电网公司举行广州、深圳供电局有限公司授牌仪式

2012年2月23日广州、深圳供电局有限公司举行挂牌仪式

产能布局

粤电集团积极布局全省电源

粤电集团公司充分依托沿海港口等优势，一是在珠三角和东西两翼建投了金湾、靖海、汕尾等一批百万千瓦级超大型燃煤电厂；二是在粤北、粤东山区开展“以大代小”和老厂改造，建成了一批适合当地条件的经济环保型燃煤机组。

2007年4月28日惠州天然气发电公司一期三台发电机组建成投产

2010年10月31日汕尾发电厂3号机组建成投产

各大电源企业纷纷进军广东发电市场

随着电力建设市场化改革的逐步推进，华能、神华、国电、大唐、中电投、中广核等各大电源企业纷纷进军广东发电市场，火电、核电、风电和天然气电等多头并进。其中，由神华国华集团和粤电集团投资的台山发电厂，至2012年，发电装机容量达500万千瓦，成为广东省内最大的火力发电厂。

2006年2月由神华国华集团、粤电集团投资的台山发电厂正在建设中

2007年11月21日国电集团公司与肇庆市政府签署战略合作框架协议

火电建设进入超超临界发展新阶段

2009年9月27日，华能集团公司投资建设的海门发电厂2号百万千瓦级发电机组并网发电，标志着广东火电建设从亚临界、超临界机组进入到超超临界机组的发展新阶段。至2012年底，潮州发电厂、平海发电厂、台山发电厂、靖海发电厂、红海湾发电厂等共计建设投产超超临界机组14台共1332万千瓦。

2009年11月9日潮州发电厂3号机组建成投产

2012年华能海门电厂一期1、2号机组工程外景

大亚湾成为国内第二大核电基地

2011年8月7日，随着岭澳核电站第二期工程的建成投产，加上原有的大亚湾核电，共六台机组，装机容量为612万千瓦。至此，大亚湾成为仅次于秦山核电站的国内第二大核电基地。

2002年5月28日岭澳核电站第一期工程（装机容量2×99万千瓦）建成投产

兴建第二座大型抽水蓄能电站

为适应南方电网容量、负荷快速增长对调峰调频电源的需要，保障大容量、远距离、高电压“西电东送”工程和交直流并联运行的安全，广东于2004年10月开工建设惠州抽水蓄能电站，2011年6月15日全面建成投产，总装机容量为8×30万千瓦。

2008年惠州抽水蓄能电站机组定子叠片及蜗壳吊装

惠州抽水蓄能发电厂下水库与水轮机房（2011年摄）

风电场和太阳能电厂逐渐兴起

进入21世纪，广东省内先后兴建了华润潮南后坪风电场、华能青澳风电场、陆丰甲湖风电场和河源国华光伏电站等。截至2012年，广东共有6000千瓦以上风电场21座，总装机容量143万千瓦；6000千瓦以上太阳能电厂1座，总装机容量0.81万千瓦。

2010年7月30日上川岛风电场最后一台风机吊装完成

2011年建成投产的河源国华光伏电站

网联四方

推进±500千伏、±800千伏特高压直流输电系统建设

2001—2012年，广东电网公司积极推进±500、±800千伏特高压直流输电系统建设，先后建成投运了±500千伏三峡—广东、贵州—广东Ⅰ、Ⅱ回特高压直流输电工程和±800千伏云广、糯扎渡特高压直流输电工程，以缓解“西电东送”输电走廊资源紧张的局面。

2001年11月25日±500千伏贵广直流输电工程在肇庆举行开工典礼

2003年6月25日500千伏贵广双回交流输变电工程投入运行

2009年12月28日±800千伏云广特高压直流输电工程实现单极投产

2011年12月1日±800千伏云广直流输电工程、±500千伏云广双回直流输电工程开工仪式

建成珠江三角洲地区500千伏内外双环网架

2003—2012年，广东电网公司以主网架、“西电东送”通道为重点，全面发展500千伏电网，新建500千伏变电站37座，主变69台容量6750万千伏安，线路189条5812千米。截至2012年，500千伏电网已建成以珠江三角洲为中心的双回主干内环网架，并部分建成双回路外环网架。

2002年11月29日深圳500千伏鹏城变电站建成投运

2005年3月28日惠州500千伏博罗变电站建成投运

2009年2月21日珠海500千伏国安输变电工程举行开工典礼，同年12月建成投运

2011年4月27日500千伏鲲宝线工程进入放线施工阶段

2012年建成投运的佛山第一条500千伏四分裂线路——500千伏香顺甲、乙线

500千伏网架加速向粤东西北地区辐射

粤东：500千伏主网已建成北通道嘉应—上寨—博罗双回线路、中通道汕头—榕江—茅湖—惠州线路、南通道胪岗—祯州—宝安双回线路。

粤北：500千伏主网已建成西通道桂林—贤令山—花都双回线路、中通道曲江—花都—北郊双回线路、东通道曲江—博罗线路。

粤西：500千伏主网已建成茂湛电力外送通道即港城—茂名—蝶岭双回线路、粤西电力外送两个通道即蝶岭—五邑双回线路、蝶岭—沧江双回线路。

2000年12月28日韶关500千伏曲江变电站建成投运

2006年11月25日湛江500千伏港城输变电工程建成投运

2007年9月25日阳江500千伏蝶岭变电站奠基

2007年9月28日梅州500千伏嘉应变电站建成投运（2008年摄）

2008年6月26日揭阳500千伏榕江输变电工程建成投运

2012年3月广东电网公司对500千伏惠茅甲线进行单改双线路改造，突破粤东送电“瓶颈”

加快县级电网的建设改造

2002—2004年，广电集团公司投资60亿元，主要对县城区的高中低压电网进行整体改造，优化其网架结构。

2004—2012年，广东电网公司投资442亿元，实施县级电网建设“民心工程”，持续改造农网薄弱环节，不断解决供电“卡脖子”和电压低等问题。

2003年11月11日佛山中心城区季华路地段电缆化施工现场

2006年肇庆端州城区电缆化率已达到86%。图为10千伏电缆施工现场

2006年7月28日建成投运的信宜110千伏白石变电站（2018年摄）

2011年11月14日连山供电局110千伏保水线抗冰加固基塔工程现场

建成川岛跨海联网工程

2008年12月至2010年7月，广东电网公司投资5.3亿元，建设了110千伏变电站2座，架空线路和海底电缆58.24千米，杆塔基础145基，电缆终端场4个，终结了台山市上、下川岛电力自发自用的历史，大幅降低了电价，满足了川岛居民生活与旅游事业对电力增长的需求。

2010年下川岛水荔枝电缆终端场施工现场

2010年4月台山川岛联网供电工程在敷设海底电缆

实现粤琼联网

2009年6月30日，亚洲第一、世界第二的超高压、长距离、较大容量的跨海电力联网项目——500千伏海南联网工程正式通电投运，广东电网穿越琼州海峡与海南电网联网，结束了海南的“电力孤岛”历史。

2005年10月海南联网工程正式开工建设

2009年3月海南联网工程第三条海底电缆成功登陆林诗岛终端站

担当责任

实施“蓝天工程”

2004年3月，粤电集团公司“蓝天工程”的首个项目——沙角发电A厂5号机组烟气脱硫工程顺利投运。2008年12月，该公司历时六年，耗资26亿元的“蓝天工程”全面完成，成为全国第一家系统电厂机组全部实现脱硫的特大型能源集团，每年可减排二氧化硫36万吨。

2004年3月沙角发电A厂5号机组烟气脱硫工程顺利投运

2007年11—12月茂名热电厂5、6号机组脱硫工程先后投运

开展企业管理活动和创先工作

2005年1月，粤电集团公司发布实施先进发电企业考核管理办法，以激励和促进所属发电企业提高管理水平，提升整体运营绩效。

2006—2012年，广东电网公司以客户为中心，以提高供电可靠率为总抓手，先后开展“管理年”活动和创建国际先进省级电网企业工作，促进企业不断做大做强。

2009年9月珠海金湾发电厂4号机组被评为“2008年度全国火力发电可靠性金牌机组”

2012年6月4日广州、佛山、中山供电局被评为“2011年度全国供电可靠性A级金牌企业”

实施五星安健环管理评级

2003年以来，广东发供电企业持续开展安健环管理体系提升活动，通过引进国内外先进的安全文化理念与实践，建立动态的安健环评价体系，开展风险评估与控制，降低作业、设备、职业健康的风险。

2009年5月7日广东电网公司安全生产风险管理体系建设指导中心正式启动

2011年1月沙角发电C厂成为亚洲首家在NOSA公司执行新版体系后，获得最高评级（NOSCAR）的火力发电厂

积极应对国际金融危机带来的影响

2008—2010年，广东发供电企业以发展为第一要务，通过加大电力建设投资、增供扩销、挖潜增效等措施，不断提高企业的经济效率和社会效益，在广东“扩内需、保增长”工作大局中主动担当责任。

2008年5月27日云浮发电C厂工程正式开工建设

2011年6月30日广东电网公司与清远市人民政府签订战略合作协议

电力营销及服务水平逐年提升

进入新世纪后，广东电网公司逐步调整营销策略，改变供电管理模式，加强需求侧管理，通过改进市场交易结算、完善电能计量、加强营销稽查和信息化、优化业务流程等，为客户提供高效、全方位的优质服务。

2001年的江门供电分公司城区营业厅

2006年5月29日广州供电局员工到本田汽车制造车间了解客户用电需求

2009年5月11日深圳龙岗供电局在当地百货公司开设了南网系统首家超市营业厅

2010年11月珠海供电局全力确保第八届中国国际航空航天博览会供电安全

全省农村实现“户户通电”

从1998年开始，广东省开展农村电网改造、农电管理体制改革、城乡同网同价的“两改一同价”工作。至2009年底，经过对“无电村”和“无电户”的改造，全省实现了广东电网覆盖范围内“户户通电”的目标。

2000年河源和平农网改造施工现场

2002年4月17日广东省召开农电“两改一同价”工作现场会

2007年2月13日潮州饶平县汛洲岛电缆工程竣工通电

2008年11月15日梅州市在丰顺县汤西大罗坪坑村举行“户户通电”工程通电庆典仪式

全力推进科技兴网战略

广东电网公司通过创建科技创新管理体系、建设科技平台、加大资金投入、开展关键领域技术攻关等措施，全力推进科技兴网战略。2003—2012年，共有35个项目获国家级科技进步奖。

2008年8月29日广东电网公司电科院员工运用超声波探伤仪检测设备状态

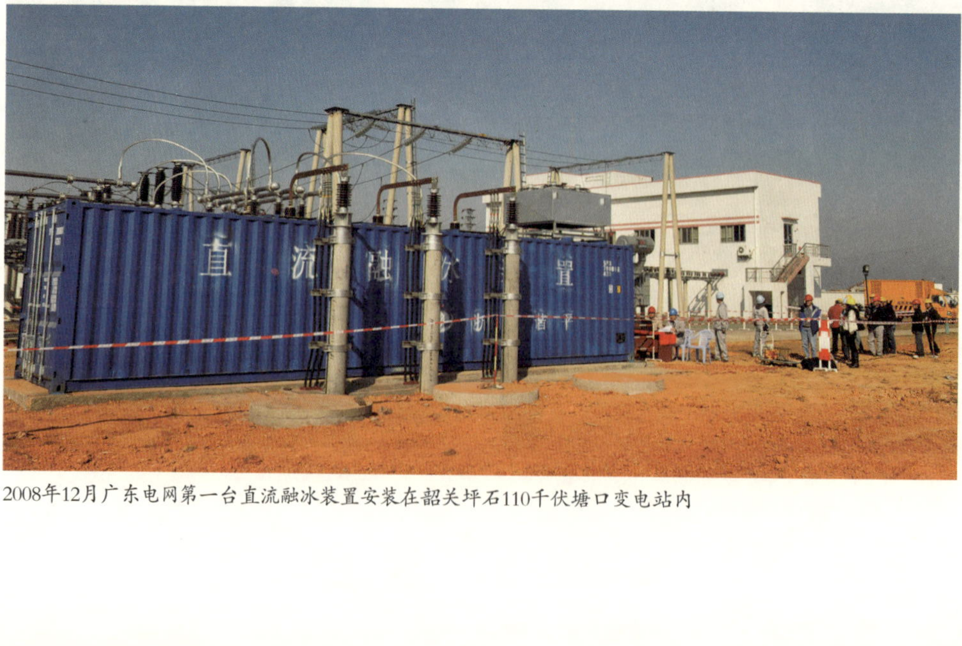
2008年12月广东电网第一台直流融冰装置安装在韶关坪石110千伏塘口变电站内

着力提升电力管理信息化水平

粤电集团公司持续推进信息化建设，EAM（企业资产管理系统）、SIS（安全仪表系统）、ERP（企业资源计划系统）等应用系统处于国内领先水平。2009年12月，该公司首建商务网并全面推广应用。

广东电网公司信息化建设取得创新突破，到2012年，信息化水平达到国资委A级水平，主营业务信息化支撑度为100%。

2009年2月19日广东电网公司信息中心软硬件平台评测体系暨实验室通过验收

2009年12月粤电集团公司商务网成功推广应用

举全网之力抗冰救灾

2008年1月中旬，中国南方各地遭遇特大冰雪灾害，粤北电网遭受重创。广东电网公司迅速组织32,335名员工和2910台车辆集结在韶关、清远两地，并选派10支抢险分队支援贵州，连续奋战37天，提前完成了抢修复电任务。

2008年1月26日广东省输变电工程公司抢险队在韶关坪通线抗冰抢修

2008年2月13日韶关供电局抢险队在乳源县大桥镇抢修

2008年1月31日广东电网公司赴贵州抢险的救灾队伍

2008年2月广州供电局、佛山供电局抢险队在贵州抢修220千伏都凯线

圆满完成广州亚运会和深圳大运会保供电任务

2010—2011年，第16届亚洲运动会和第26届世界大学生运动会先后在广州和深圳举办，广东发供电企业统筹安排，调集各方力量，多措并举确保电力生产建设安全稳定，圆满完成保供电任务。

2010年11月12日第16届亚运会在广州隆重开幕

2010年11月亚运会期间守护在海心沙的广州供电局保供电团队

2011年8月12日第26届世界大学生运动会在深圳隆重开幕

2011年深圳大运会期间场内与场外保供电人员

思想引领

开展各项党内的集中教育活动

根据党中央和广东省委的部署和要求，广东电力企业于2005年开展了保持共产党员先进性教育活动，于2009年开展了学习实践科学发展观活动，于2010—2012年开展了创先争优活动，促进企业党的建设。

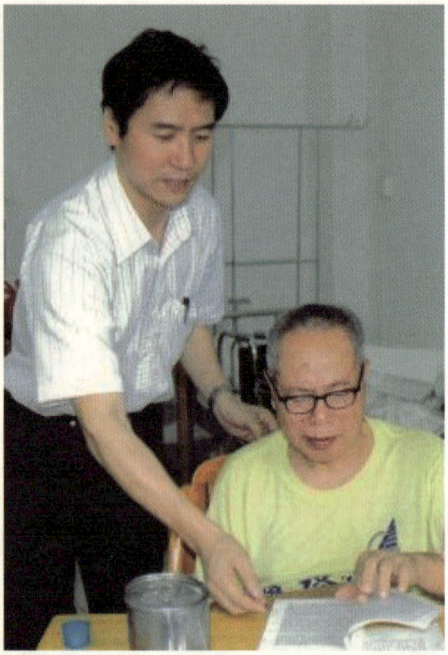

2005年茂名热电厂党委给行动不便的退休老党员送书

2011年8月26日阳江供电局举行“为民服务 创先争优”活动暨社会活动日启动仪式

培育和践行电力企业文化

2003年以来，广东电网公司认真宣传贯彻南方电网公司不同时期提出的《南网方略》《南网文化理念》，深入推进企业文化建设，构建了文化识别、文化传播、文化转化、文化保障和文化评价五大战略推进和管理系统。

2007年10月，广东粤电集团公司正式启动企业文化咨询项目，次年11月发布《卓越之道——粤电集团公司文化大纲（试行）》，并在所属企业全面推行。

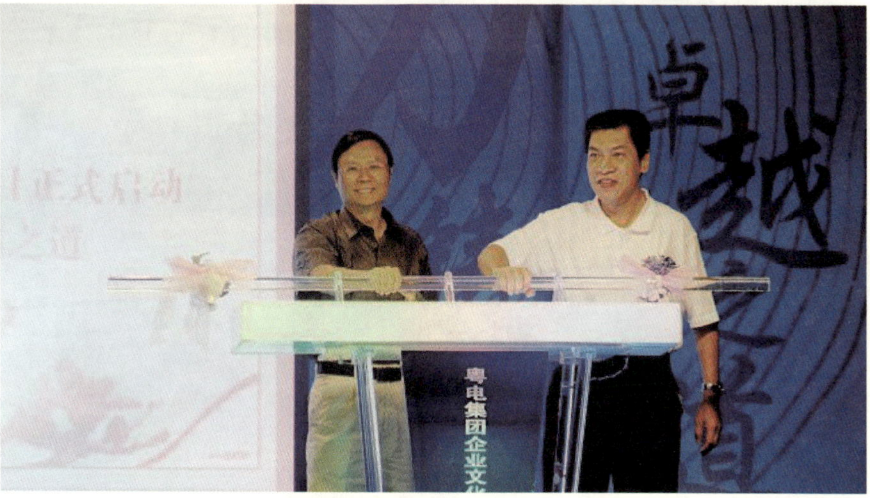

2007年11月粤电集团公司启动企业文化咨询项目

2008年12月广东电网公司举办青年安全文化创意大赛颁奖典礼

积极参与扶贫帮困和社会公益活动

2000年以来，广东电力企业积极帮扶农村大力建设道路、水利等基础设施，培育农业产业化种植，为贫困儿童提供助学基金，引导村民走上脱贫之路，同时积极参与公益活动，为社会献爱心。

2008年2月2日韶关发电厂积极为粤北冰冻灾害期间的受灾群众捐资捐物

2008年5月深圳供电局员工为“5·12”汶川大地震灾区踊跃捐款

加强企业精神文明建设

在粤各发供电企业进一步加强企业精神文明建设，积极开展创建文明单位活动，并通过丰富多彩、寓教于乐的文体活动，不断丰富职工业余文化生活。其中，广东电网公司从2009年起，启动员工辅导计划（EAP），将现代心理学理论及疏导方法引入到企业思想政治工作中去，深化人文关怀。

2008年茂名热电厂组队参加茂名市职工文艺会演

2011年12月2日佛山高明供电局更合供电所开展员工辅导活动

2011年广东电网公司举办“守法生活，快乐满FUN”活动

抗冰烈士

刘焕松（1961—2008）

刘焕松

广东梅县人。1980年12月参加工作，先后在始兴供电局金具车间，马市、罗坝、沈所、澄江、隘子、司前等供电所工作。2008年1月27日在抗击特大冰雪凝冻灾害、抢修复电中因公殉职。同年，被广东省人民政府授予革命烈士称号，被国家人事部、国资委追授中华企业劳动模范荣誉称号，被中华全国总工会追授全国五一劳动奖章。

刘焕松生前工作照

黄伟明

广东阳山人。1992年10月参加工作，清远阳山供电局附城供电所原外线工。2008年2月4日在抗击特大冰雪凝冻灾害、抢修复电中因公殉职。同年，被广东省人民政府追授为革命烈士称号，被共青团中央、全国青联追授中国五四青年奖章，被中华全国总工会追授全国五一劳动奖章。

黄伟明（1973—2008）

黄伟明生前生活照

第二章 逐梦南粤

党的十八大召开以来，随着新一轮电力体制改革大幕的拉开，广东电力进入新的发展阶段，火电、核电、风电、光电的建设不断加快，装机容量突破一亿千瓦大关，“西电东送”工程建成“八交九直”大通道，500千伏电网覆盖全省各地市。广东电网公司综合实力位居全国各省（区、市）首位，“万家灯火　南网情深”的品牌形象深入人心，为今后的长远发展奠定了良好基础。

2010年11月的亚运会之夜

走向市场

推进电力市场化改革

自2015年起，广东电网公司开展输配电价改革试点工作。2017年，广东省输配电价改革方案获得国家发展改革委批准并施行。

2016年3月1日，广州电力交易中心正式挂牌成立，南方区域电力市场化改革工作进入新阶段。

2015年11月30日举行深圳前海蛇口供电公司成立大会

2016年3月1日广州电力交易中心正式揭牌

电源企业加速一主多元发展

粤电集团公司、中广核集团公司、国电集团公司等各大电源企业，加速在粤的产业布局，不断做大做强。其中，粤电集团公司2018年资产总额近1450亿元，可控装机容量超3215万千瓦，可控航运运力达239万载重吨。其中，核心产业涉及煤电、水电、天然气发电、风电、核电、光电等，多元化产业涉及天然气、煤矿、航运、港口、LNG（液化天然气）接收站、装备制造业、金融业等。

2018年粤电集团公司可控航运运力达239万载重吨

粤电集团公司投资建设的湛江生物质发电厂（左）、深圳大鹏LNG接收站（右）

电网企业积极向综合能源服务商转变

2016年以来，广东电网公司按照“一主两翼、国际拓展”产业发展布局，发挥专业优势，在提供多种能源供应外，积极发展新的业态，提供节能改造、需求侧响应、分布式电源、电动汽车充电等多元化增值服务，积极向综合能源服务公司转型。

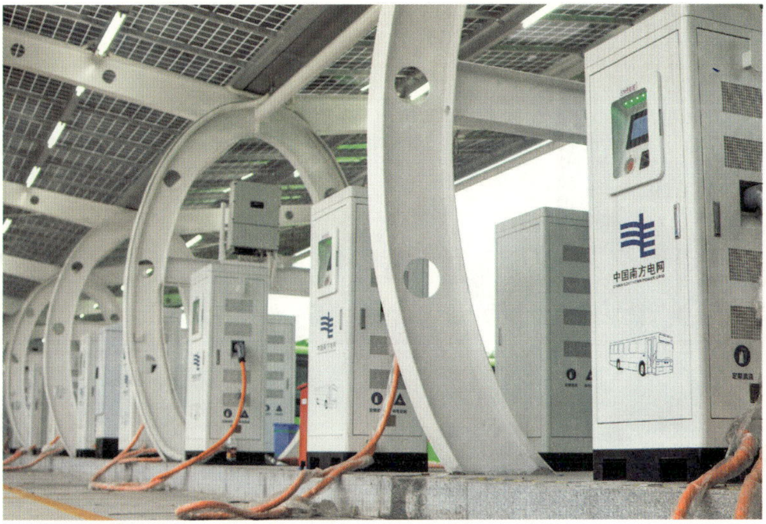

2017年7月佛山高明供电局建成全省最大的电动公交车充电站

2017年10月31日东莞供电局对五株电子用户侧分布式储能系统进行投运前检查

电网企业对所属子公司和多经企业进行改制

广东电网公司不断深化管理体制改革，2016年11月10日，42家全民所有制子公司全面完成公司制改制工作。2017年6月30日，全面完成378家职工持股企业，涉及股东6.56万人、股金17.6亿元的非公股权清退工作。

2017年3月17日东莞供电局与东莞市开关厂八名股东签订股权转让合同

2017年4月17日中山供电局圆满完成职工所持职工持股企业非公股权的清退工作

电力现货市场建设走在全国前列

2018年8月31日，以广东起步的南方电力现货市场正式投入试运行，解决了计划与市场、现货交易与中长期交易、不同成本机组同台竞争等困扰电力市场化改革的实质性问题，标志着广东电力市场体系基本建成，为全国的电力市场改革发展提供了样本和经验。

2018年8月31日南方（以广东起步）电力现货市场正式启动试运行

助力广东实现“四个走在全国前列”

2017年以来，广东电力企业紧紧围绕粤港澳大湾区建设和落实乡村振兴、扶贫攻坚、污染防治等战略工作，加快电力建设和产业布局，全力做好电力供应，主动承担国企的政治责任、经济责任和社会责任，积极为广东实现“四个走在全国前列”提供强有力的能源支撑。

2017年11月15日港珠澳大桥110千伏人工岛变电站建成投运

2017年12月21日港珠澳大桥航拍图

动能澎湃

广东统调发电装机容量突破1亿千瓦

截至2016年1月底，广东全省统调发电装机容量达到10,217万千瓦，成为继内蒙古之后，全国第二个发电装机容量过亿的省级行政区。

2014年5月25日东莞东兴发电厂进行锅炉安装

2015年源和发电厂进行超低排放改造。图为2015年3月13日正在建设中的大埔电厂

阳江、台山核电站陆续投入商业运行

阳江核电站于2008年12月16日动工兴建，计划建设六台百万千瓦级机组。至2018年底，1—5号机组已竣工投入商业运行，6号机组的建设进入尾声。

台山核电站于2009年12月21日动工兴建，一期计划建设两台机组，采用EPR三代核电技术，单机容量175万千瓦。1号机组于2018年12月实现商运。

2013年9月18日阳江核电站5号机组浇筑第一罐混凝土

2016年1月25日台山核电站2号机组常规岛汽轮发电机组

广东能源结构明显优化

经过多年的建设，广东省内火电、水电、核电、风电等各类电源都得到较快发展，能源结构进一步优化。截至2018年底，各类电源装机比重为：火电68%，水电7.9%，核电11.4%，风电3.1%，其他9.6%。

2013年10月28日阳江核电站1号机组首次核燃料装载完成

2017年6月15日广州发展台山渔业光伏产业园一期5万千瓦机组顺利并网运行

2014年4月位于河源市东源县海拔1200米的高山上的蝉子顶风电场并网发电

全省形成粤东西北地区向珠三角送电格局

2013年以来，广东新增电源重点在东西两翼沿海地区。至2018年，粤东西北地区统调装机容量在全省占比过半，形成了东西北三个方向向珠三角地区送电的格局，能源布局更趋合理。

韶关发电厂全景图（2013年摄）

汕尾红海湾发电厂外景（2013年摄）

阳江阳西发电厂外景（2015年摄）

科技兴网

“西电东送”形成“八交九直”输电通道

经过多年的建设，截至2018年底，“西电东送”形成“八交九直”17条输电通道，送电能力超过3500万千瓦。

2013年3月11日广州500千伏从化换流站吊装管母

±500千伏天广直流输电工程的受端站——广州换流站和北郊变电站（2013年摄）

2017年6月13日±800千伏云广线直流输变电工程清远佛冈段线路进入架线阶段

2017年11月22日±800千伏云广特高压直流输电线路全线贯通

率先实现超高压电网在地市全覆盖

2016年12月16日，云浮500千伏卧龙输变电工程建成投运，结束了该地区没有500千伏变电站的历史，同时也标志着广东省率先在全国实现超高压电网在所有地市的全覆盖。

2012年10月15日500千伏崖门大跨越高空横担组装

2015年6月20日500千伏东海岛输变电工程建成投运

2016年12月16日云浮500千伏卧龙变电站建成投运

建成世界首个多端柔性直流输电线路工程

2013年12月25日，世界首个多端柔性直流输电线路工程正式落户南澳岛。该工程所有核心设备以及控制保护系统均为国内首次研发，具有100%自主知识产权，直流输电技术实现了新突破。

2013年5月24日金牛换流站完成基础工程

2013年9月13日南澳多端柔性直流工程进行海缆敷设

南澳县青澳换流站外景（2015年摄）

着力打造智能电网

2013年以来，广东电网公司全面推进智能电网规划建设，打造了珠海横琴自贸区、佛山金融高新区、东莞松山湖等一批智能电网示范区，为全省推进智能电网规划建设提供样板。

珠海横琴自贸区220千伏电缆隧道（2014年摄）

东莞松山湖智能电网设备（2017年摄）

佛山金融高新区I38智能配电房（2017年摄）

实施新一轮农网改造升级

从2013年起，广东电网公司实施新一轮农网改造升级工作，完成了全省3300多个中心村的老旧农网、低电压台区的改造治理，近4000口灌溉机井通电。同时对2277个省定扶贫村进行农网改造升级，助力脱贫攻坚。

2016年4月肇庆市广宁县林洞村农网升级改造现场

2016年1月梅州供电局员工为客家围屋更换灯泡

2017年9月20日湛江北坡镇虾沟村农田机井通电情景

提质增效

电力环保与电力生产协调发展

2013—2018年，广东发电企业认真抓好火电厂烟尘、二氧化硫、废水、灰渣等治理工作，促进了电力环保与电力生产协调发展，安全生产、设备维修改造、节能降耗、经济效益、可靠性管理、环境保护等各项主要技术经济指标在全国保持先进水平。

2017年3月29日肇庆热电厂A号机组检修现场

2017年7月14日珠海发电厂脱硫脱硝超洁净排放设备建成并投入使用

两大发供电公司在企业经营考核中连年夺冠

自“厂网分开”以来，粤电集团公司、广东电网公司以安全生产为基础，坚持稳中求进、科技创新、提质增效、节能减排，实现了科学发展。至2018年，粤电集团公司在广东省属企业经营业绩考核中连续18年获评优秀；广东电网公司在南方电网公司经营业绩考核中连续17年被评为“A”。

2015年11月17日阳江220千伏平地变电站检修现场

2016年12月20日茂名臻能热电厂对5、6号机组进行综合增容升级改造现场

广东电网负荷高峰全国率先破亿

2016年8月8日，广东电网统调负荷再创历史新高，达到10,007万千瓦，成为全国首个统调负荷突破1亿千瓦的省级电网。

2016年8月8日广东电网公司举行统调负荷破亿新闻发布会

广东全社会用电量突破6000亿千瓦时

2018年12月12日，广东省全社会用电量累计达6012亿千瓦时，成为全国首个用电量突破6000亿千瓦时的省份。按2017年全省常住人口1亿来计算，广东省人均用电量达6000千瓦时。

2018年9月10日清远供电局员工正在对线路清障

2018年12月东莞供电局员工走进OPPO公司进行用电检查

电网实现安全运行23周年

在电网规模迅速扩大、结构日趋复杂的情况下，广东电网公司紧抓生产标准化管理、可靠性管理、电力设施保护、安风与安监体系、应急管理体系等，截至2018年11月，电网安全运行23周年。

2014年10月14日惠州供电局对罗阳工业园区变电站实施带电作业检修

2015年5月7日珠海220千伏琴韵变电站进行耐压试验

2017年6月广东电网公司空中巡查500千伏水莞线

不断优化营商环境，提升服务质量

广东电网公司加强需求侧管理，充分挖掘发供电能力，积极吸纳西电，最大限度满足全省用电需求；助力粤港澳大湾区建设，推动珠海横琴发布全国首个自贸区供用电规则；出台优化营商环境方案，大幅压缩业扩报装时间，提供个性化服务；至2018年，电力可靠性指标全国前十名上榜城市数量连续九年获得第一。

2013年4月23日茂名茂港供电局员工深入当地企业，为客户提供安全用电指导

2017年佛山南海供电局将车辆改造成移动智能服务站。图为该局员工在车内与客户签署协议

提升电网发展技术和创新水平

2013年以来，广东电网公司加大科技投入，组织系统内外科研单位开展科技攻关，取得了一批高水平的科技成果，为电网安全稳定运行提供了有力科技支撑和技术储备。

2017年7月19日广东电网牵头研制的世界首台500千伏超导限流器样机通过国家科技部验收

2017年12月20日世界首台机械式直流断路器汕头南澳柔性直流项目成功投运

加速调度智能化建设

2017年，全省35—500千伏变电站全面实现集中监控，开关远方控制率超过99.5%，在南方电网范围内率先实现调度端程序化自动操作。同时，基本解决配网盲调问题，建成配网运行管理平台，初步建成智能配电网技术支撑体系。

2017年广东电网系统部率先在南方电网全面实现调控一体化

2017年8月佛山供电局配电网运行管理技术支撑平台

全力以赴抗风救灾

2013年以来，广东电网公司全面加强应急管理，积极抗击“天兔”“威马逊”“彩虹”“天鸽”等强台风，全力以赴做好抢修复电工作，赢得了广东省委、省政府，社会各界和灾区群众广泛好评。

2013年9月汕尾供电局员工冒雨抢修被强台风“天兔”损坏的线路

2014年7月佛山供电局员工赴徐闻抢修被强台风“威马逊”吹倒的铁塔

2015年10月9日强台风“彩虹”袭击湛江。图为湛江供电局员工冒雨连夜抢修现场

2017年8月24日强台风“天鸽”在珠海登陆。图为珠海供电局员工在抢修受损线路

全面从严治党

党的十八大以来，广东电力企业根据中央和广东省委的部署和要求，坚持全面从严治党，加强了政治建设、思想建设、组织建设、作风建设、纪律建设，并将制度建设贯穿其中，开创了党的建设新局面。

2015年6月19日广东电网公司召开中央巡视组反馈意见整改工作会

2017年9月珠海发电B厂组织党员参观廉政教育基地，接受党风廉政警示教育

开展各项党内学习教育实践活动

广东电力企业于2013—2014年开展了党的群众路线教育实践活动，于2015年开展了“三严三实”专题教育活动，于2016—2018年开展了“两学一做”学习教育，加强了企业党的建设。

2015年7月1日广东电网公司举办“我是党员”特色党日活动现场

2013年7月24日云浮发电厂召开群众路线实践活动及纪律教育月活动动员会

2017年2月23日东兴发电厂党委召开“两学一做”民主生活会

电网企业广泛宣传贯彻和践行企业核心价值观

自2013年起，广东电网公司积极宣传贯彻和践行企业核心价值观，突出历史文化的挖掘、传播平台的构建、行为方式的塑造、文化品牌的培育，深入开展安全、服务、廉洁、法治等专业文化建设，着力打造各具特色的班组文化，为企业铸魂。

2013年6月中山供电历史文化展馆建成开馆

2016年广东电网公司组建内训师团队全面宣传贯彻《南网总纲》

积极推进民主管理，实施厂务公开

2013年以来，广东电力企业坚持职工代表大会制度，抓好职工代表巡视检查工作，积极实施厂务公开，不断深化企业民主管理，依法维护员工的合法权益，充分调动员工的工作积极性和主动性。

2014年3月5日广东电网公司24家直属单位全部通过厂务公开贯标A级认证

2016年2月中山嘉明发电厂员工在一起讨论研究技术难题

开展职工技术比武与创新活动

2013年以来，广东电力企业积极开展职工技术比武与创新活动，重点解决一线生产实践问题，促进技能人才培养。其中广东电网公司到2018年底共成立创新工作室263个，成员有3500多人，完成职工创新项目2200余项。

2013年12月中山500千伏桂山变电站应用机器人巡检设备

2016年东莞供电局自主研发的激光清障仪投入生产

2015年12月广东电网公司代表在南方电网公司职工创新成果交流会中作现场发布

2016年2月24日中山嘉明发电厂青年创新工作室

2017年12月6日惠州天然气发电公司开展技能比武

不断丰富员工的精神文化生活

广东电力企业通过组建文体协会，发挥文联作用，举办职工体育运动会和文艺会演等方式，积极开展丰富多彩、寓教于乐的各类文体活动，丰富员工的精神文化生活，不断增强企业的凝聚力和向心力。

2013年茂名供电局排舞队荣获广东省职工排舞电视大赛金奖

2012—2018年广东电网公司文联编辑出版了《广东老电力人口述史》等一批企业文化丛书

2015年5月27日国电肇庆热电有限公司举办职工趣味运动会

2016年东莞中电新能源热电有限公司开展拓展训练

电网企业实施精准扶贫

2013—2018年，广东电网公司投入2.5亿元，在基础设施建设、集体产业、教育医疗、基层党建等方面，对全省330个扶贫点实施对口帮扶工作，帮助18,691户贫困户共69,820名贫困人口脱贫。

2014年佛山供电局驻村干部与村民一起勘察村道硬底化项目

2017年4月25日广东电网公司驻村工作队为贫困户建档立卡

2014年揭阳供电局为帮扶村建设指坳洋大桥

2015年湛江供电局为帮扶村进行扇贝产业初加工

2017年阳江供电局在瓦北村开展危房改造工作

2017年广东电网公司为五华县西湖村建设的光伏电站

时代楷模

陈康贵（1956—2016）

陈康贵

1978年参加工作，原为湛江供电局南三供电所副所长，曾获广东省五一劳动奖章和中国好人称号。从1988年起，一直在南三供电所特呈岛营业点工作，几十年如一日，任劳任怨、恪尽职守，默默守护着特呈岛3.6平方公里的供电安全。2013年组建“贵叔”服务队，全心全意为客户排忧解难，受到了群众衷心爱戴，“没电找贵叔”成为岛民的口头禅。

2014年陈康贵（左一）向工厂电工讲授如何保护用电设备

高锋

2008年参加工作，现为中山供电局500千伏香山巡维中心值班员。曾获中国好人称号和中山市道德模范提名奖等荣誉。他生活节俭，却资助多名山区孩子上学。他乐于助人，义务献血超过5000毫升。他组建的“高锋爱心服务队”，目前队员超过200人，致力于将爱与希望传递到社会各个角落。

高锋（1982—　）

2014年5月11日高锋（右一）爱心服务队走访慰问五保户老人

何满棠

1984年参加工作，现为东莞供电局变电管理二所检修一班副班长。曾获全国道德模范提名奖、“南粤工匠”和“感动南网人物”。他扎根一线，勤学乐问，善于解决各种设备的“疑难杂症”，他带领技术骨干开展职工技术创新，所在劳模工作室被授予“广东省示范性劳模创新工作室”及南网“一星劳模工作室”称号。

何满棠（1968— ）

2015年5月8日何满棠（左三）在向徒弟传授检修技术

杨芒生

1995年入职茂名供电局，曾任供电所抄表员、农改施工队队长、副所长、所长，现任该局输电管理所主任。20年如一日，扎根基层，爱岗敬业，在抗险救灾、农网改造、供电管理、技术革新、保护电力设施工作中表现突出，先后获得全国五一劳动奖章、全国劳动模范称号等荣誉。

杨芒生（1973— ）

2016年4月27日杨芒生（中）与劳模工作室的同事探讨防倒电装置的改进方法

刘石

2006年进入电力科学研究院工作，工学博士，教授级高级工程师，南方电网公司首批高级技术专家之一，发电设备振动故障诊断与处理领域专家。他善于诊断电力设备故障，主持多项公司重点科研项目，30余篇论文成果在国内外知名刊物上发表并获表彰，多项成果被授予国家知识产权专利。

刘石（1974— ）

2013年刘石（中）在电厂进行故障诊断分析

刘来仙

1986年体校毕业后参加工作，为广东电网公司清远英德供电局浛洸供电所所长，也是清远唯一一位女所长。曾获广东省五一劳动奖章，被评选为新闻社“中国网事·感动2016”季度“十大感动人物”、第五届“感动南网人物”。30年间，她干一行爱一行，风里来雨里去，不知疲倦，当地群众和所里员工都称她为“铁娘子”。

刘来仙（1966— ）

2013年8月20日刘来仙（左二）在洪灾后给未能及时复电的村民分发蜡烛

后记

打捞电力历史记忆

不知不觉间，涉足电力历史研究领域，至今已整整二十年了。

我是从1998年开始接触电力史志研究的，那时我还在江门电力工业局从事秘书工作，受领导指派，负责主编《江门电力工业志》。在长达五年的编纂过程中，有一个问题始终困扰着我，那就是人物、影像史料的极度匮乏。

众所周知，人物史料，从来都是史学研究的核心内容之一。因为历史是由人创造的，有人的历史，才是鲜活的历史，才能被后代热情传颂。离开了人，一切都无从谈起。而影像资料，在当今叙事模式中是最为真实、直观、生动、形象的。它可以表文字所不能表，将历史具象化在后人的眼前，重现历史的真实境况。为弥补当年编纂志书留下的遗憾，2009年后，我在公司政治工作部具体负责企业文化建设时，便开始琢磨这样一个问题：能否整合各方资源，为广东电力历史研究尽快补上这一块史料缺口？在历届公司领导的大力支持下，2013—2015年，我先后主编了《这十年·我的故事》《广东老电力人口述史（第一辑）》等历史文化图书。2017年，公司正式启动“广东电力历史文化展馆”建设项目。趁此良机，我开始系统地搜寻、收集最原始的电力图像史料，并对这些图像史料进行更深层次的甄别，探讨其价值，